妙語的花園

說苑（下）

ISBN 957-13-1481-1

妙語的花園

説苑（下）

目錄

說苑（上） 妙語的花園

善說第十一

算術卷十二

獨不拜賜

齊宣王到社山打獵，社山的父老（年紀大的人）十三人一起來向宣王請安。宣王說：

「父老們辛苦了！」

宣王回頭叫左右侍臣免掉父老們的田租。父老們都拜謝，只有一個閭ㄌㄩˊ丘先生不拜。宣王問道：

「父老們嫌賞賜太少嗎？」

宣王又叫左右侍臣免掉父老們的徭役。父老們都再度拜謝，唯獨閭丘先生還是不拜。宣王說：

「已經拜謝的可以走了，沒拜謝的請上前。」

只有閭丘先生留下來。宣王說道：

「寡人今天來到貴地，荷蒙父老們的慰勞ㄌㄠ，感到很榮幸，所以免掉父老們的田租；父老們都拜謝，只有先生不拜。寡人自以爲賞少了，所以又免掉父老們的徭役；父老們都拜謝，又只有先生不拜。寡人難道那裏有過錯嗎？」

閭丘先生回答道：

「聽到大王來打獵，我所以趕來向大王請安，只是希望大王讓我長壽，希望大王讓我富有，希望大王讓我尊貴。」

宣王說：

「上天的殺與生都有一定的時候，不是寡人所能給予的，我無法使先生長壽；倉庫雖然充實，是用來防備災害的，我無法使先生富有；朝中大的官沒有缺額，小的官又卑賤，我無法使先生尊貴。」

閭丘先生答道：

「這些並不是我敢奢望的。我只是希望大王選擇善良富貴家有修養的子弟做官吏，使法令規章訂得近人情，這樣我便可稍得長壽了；按照春夏秋冬四時來幫助人民，不煩擾百姓，這樣我便可稍爲富有了；希望大王頒布命令，叫少年人尊敬壯年人，壯年人尊敬老年人，這樣我就可稍得尊貴了。今天很幸運獲得大王的賞賜，但是免掉田租，會使得國庫空虛；免掉徭役，官府就沒有可差遣的人。這本來就不是做人臣子所敢奢望的。」

齊王說：

「很好！請先生來當宰相吧！」

鼎非周鼎

漢武帝時，汾陰地方發現一隻寶鼎，進獻到甘泉宮來。一時文武百官都來祝賀，祝賀說：

「恭賀陛下獲得周鼎。」

只有侍中虞丘壽王卻在外頭殺風景，一再地說：

「那不是周鼎。」

皇帝知道了，就召見他，問道：

「朕ㄓㄣ（皇帝自稱）獲得周鼎，文武百官都認爲是周鼎，唯獨你壽王認爲不是，究竟什麼道理呢？解釋得合理就讓你活；否則，……哼！」

虞丘壽王答道：

「我壽王那敢沒根據就亂說話呢？我聽說那周朝的盛德開始滋生於后稷，發展於公劉，壯大於大ㄊㄞ王，成就於文王、武王，顯揚於周公，盛德的惠澤上達天庭，下及泉穴，無所不通；上天受到感應，於是爲周朝而重現了寶鼎，所以稱爲周鼎。現在漢朝從高祖繼承周德以來，德行昭彰，恩澤廣施，四面八方和諧親睦，到了陛下這個時候更加隆盛，上天吉利的兆頭於是接連而來，有徵驗的吉祥之事都出現了。從前秦始皇親自在彭城指揮打撈ㄌㄠ寶鼎，也沒法得到它。上天爲了顯揚有德的帝王，寶鼎自然就來了；這是上天特別拿來送給漢朝的，所以是漢鼎，不能叫做周鼎。」

「果然是漢鼎！」武帝高興得叫起來。

文武百官聽了都高呼萬歲。當天，虞丘壽王榮獲黃金十斤的賞賜。

民宜參政

晉獻公時，東郭民有個叫做祖朝的，上書給獻公說：

「老百姓東郭民祖朝，希望能夠瞭解國家大計。」

獻公派人去告訴他說：

「吃肉的官吏已考慮好了，吃野菜的老百姓還有什麼好干預的呢？」

祖朝回應道：

「大王難道沒聽說過古時候有個將軍叫做桓司馬的嗎？他該在大清早去朝見國君，但起床晚了，只好吩咐馬車加速奔馳。駕車的人吆一ㄠ喝ㄏㄜ起馬匹，右邊驂ㄘㄢ乘ㄕㄥ的人竟然也吆喝起來。駕車的人就抓住驂乘的手肘ㄓㄡ制止道：『你為什麼超越了本份？怎麼也大聲吆喝？』駿乘回答道：『該吆喝就吆喝，這是我的權利。你應當好好拉住韁ㄐㄧㄤ繩，扣緊銜勒，怎麼來抓我的手呢！你如果不拉住韁繩、扣緊銜勒，要是馬匹突然受驚，亂闖起來，會輾ㄋㄧㄢˇ壓到路上行人的。如果在戰場上遭逢大敵，到時下車脫劍、踐踏鮮血肝膽前進的，固然是我的本份，你難道不會拋掉你的韁繩，下來幫助我嗎？馬車奔馳，要是翻覆，災禍也會牽連到我身上，我同樣非常擔憂，我怎麼能不吆喝呢？』

「現在大王說：『吃肉的官吏已考慮好了，吃野菜的老百姓還有什麼好干預的？』假使吃肉的官吏有一天在朝廷上有失策之處，像我們吃野菜的人，難道不會血肉模糊、肝腦塗地嗎？災禍也會牽連到我身上，我同樣非常擔憂，我怎麼能不干預國家大計呢？」

獻公認為這個老百姓很關心國事，值得鼓勵，就召見他，和他談論了三天；談到再也沒什麼值得憂慮的時候，祖朝很安心地就要告退，獻公捨不得他走，於是聘他為師。

彈狀如彈

有個賓客跟梁惠王說：

「惠子談論事理，善於使用比喻。大王叫他不要打比喻，他就不能高談闊論了。」

「好辦法！」梁惠王說。

第二天，惠子來晉見，梁王就向惠子說：

「希望先生談論事情就直截了當一點，不要打比喻。」

惠子說：

「假如現在有個人不知道什麼叫做『彈』，他問道：『彈的形狀像什麼？』我回答說：『彈的形狀就像彈。』這樣他能明白嗎？」

「那當然不明白。」梁王回答。

「那麼接着回答他說：『彈的形狀就像弓，用竹做弦。』這樣他能明白嗎？」

「那該明白了。」梁王回答。

惠子說：

「要說明事理，本來就應該拿對方已知的事物來解釋對方所不知的，才好讓他明白。要是大王限制我不能打比喻，就沒辦法溝通思想了。」

「好的，你就多多打比喻吧！」梁王說。

所託使然

孟嘗君推薦他的食客給齊王，過了三年還沒被錄用。這位食客等得不耐煩，回頭就去對孟嘗君說：

「您把我推薦出去，過了三年還沒被錄用，不知道是我的罪過呢？還是您的過失？」

孟嘗君說：

「我聽說：絲線依賴針而穿入，卻不能依賴針來使它繃緊；嫁女兒要依賴媒人撮ㄘㄨㄛ合而成，卻不能依賴媒人來使夫婦親熱。先生的手腕一定是很差勁，怎麼好反而來怪我呢？」

食客說：

「不能這樣說哪！像那周氏的嚳ㄎㄨ，韓氏的盧，都是天下善跑的狗；要是看見兎子再指點給牠，那麼兎子絕逃不掉；要是遠遠望見兎就放狗去追，那麼經過幾世也捉不到兎子的。狗並不是無能，而是指點牠的人有問題。」

孟嘗君說：

「不對不對！從前華舟和杞梁二人出征而死，他們的妻子很悲傷，向着城牆痛哭，城角爲她們而崩塌，城牆也跟着傾斜。君子眞能夠有充實的內涵，那麼萬物自然感應於外。土壤尙且爲盡心耕耘的人生產米糧，何況是擁有米糧的國君呢？」

食客說：

「不是這樣的。我看到那鷦ㄐㄧㄠ鷯ㄌㄧㄠ築巢在蘆葦花上，用毛髮粘得很堅固，卽使精巧的女工也不能編得那樣好，可以說非常完美堅固了；但是大風一刮，蘆葦折斷，就跌個卵破子死。爲什麼呢？所寄託的地方使得牠如此下場啊！狐狸是人人想攻打的，老鼠是人人想燻捕的，我却不曾看見穀神廟裏的狐狸被人攻打，也沒看過土地廟裏的老鼠被人燻捕。爲什麼呢？所寄託的地方使得牠安安全全啊！」

孟嘗君覺得好沒光彩，再度鄭重地指點他到齊國去，結果獵得了宰相的高位。

不可衣量

林既穿著粗陋的韋帶布衣去朝見齊景公；齊景公不屑地說：

「這是君子的服飾呢？還是小人的服飾呢？」

林既忸忸ㄋㄧㄡ怩怩ㄋㄧˊ地，走也不是，站也不是；終於繃ㄅㄥ著臉兒應道：

「只看衣服的穿著，怎麼足夠衡量士人的德行呢？以前荊人佩長劍而戴高帽，卻出現了令尹子西；齊人穿短衣而戴寬邊帽，卻出現了管仲、隰朋；越人身上刺花紋，頭髮翦斷，卻出現了范蠡ㄌㄧˊ、大夫種；西戎的衣襟開在左邊、髮結如尖椎，卻出現了由余。假如像君上所說的，那麼穿狗裘的該當像狗一樣汪汪吠，穿羊裘的該當像羊一樣哶哶ㄇㄧㄝ叫了；而君上穿著狐裘上朝，難道不會因此而改變聲調嗎？」

景公說：

「你算得上勇猛強悍了。我還沒聽過像你這樣奇怪的辯論的，眞是所謂一鄉之間的鬥嘴，簡直像千乘兵車的氣勢。」

林既說：

「不知道君上所說的究竟是指什麼。登臨高峻危險的地方而眼睛不花亂，脚不疲軟的，這是工匠的勇猛強悍；潛入深淵，刺殺蛟龍，抱黿ㄩㄢˊ鼉ㄊㄨㄛˊ而出的，這是漁夫的勇猛強悍；進入深山，刺殺虎豹，抱熊羆ㄆㄧˊ而出的，這是獵人的勇猛強悍；不以斷頭爲難，裂開肚，暴露骸骨，流血成渠的，這是武士的勇猛強悍。如今我在廣大的宮廷，繃緊臉孔，以嚴辭正辯冒犯主君的憤怒，眼前雖有座車高爵的賞賜，不爲之而動心；身後雖有斧鑕嚴刑的威嚇，也不爲之而恐慌；這就是我林既所以勇猛強悍的緣故。」

浮君大白

魏文侯跟大夫們喝酒，指定公乘ㄕㄥ不仁執行酒令，下令說：

「喝酒不乾杯的人，該罰一大杯。」

公乘不仁嚴格執行這道酒令，盡瞅ㄔㄡ著人家的杯子，卻沒逮到一個。喝到後來，大家都醉醺醺的，公乘不仁好不容易才逮到一個，趕緊舉起大杯子叫道：

「罰主君。」

文侯只瞧著杯子，卻不反應。侍候國君的人說：

「不仁退下去，主君已經醉了。」

公乘不仁朗聲說：

「周書上說：『前面車子的翻覆，是後面車子的警戒。』這是因爲情況危險呀！做人臣子的不能輕忽它，做人君的也不能輕忽它。現在主君已經下了酒令，令不實行，可以嗎？」

「好的！」文侯說著，舉起大酒杯就喝。

文侯喝完了罰酒，說道：

「請公乘不仁做上客。」

楚材晉用

蘧ㄑㄩˊ伯玉出使到楚國去，在濮ㄆㄨˊ水邊遇到楚公子子晳ㄒㄧ。子晳拿著餵馬的草料迎接他，說道：

「請問貴客要上那兒去？」

蘧伯玉靠在車前的橫木上向他敬禮。公子晳說：

「我聽說上等的士可以把女色寄託他，中等的士可以把言辭寄託他，下等的士可以把財貨寄託他；這三種士能夠以身相託嗎？」

蘧伯玉說：

「我樂意接受你的付託。」

蘧伯玉到了楚國，拜見了楚王，把出使的事情辦妥後，坐下來聊天，自自然然地談到了士。楚王問道：

「那一國的士最多？」

「楚國的士最多。」蘧伯玉回答。

楚王聽得樂壞了。蘧伯玉慢吞吞地又說：

「楚國最多士，楚國却不能用。」

「這是什麼話呢？」楚王緊張地問。

蘧伯玉說：

「伍子胥生長於楚國，逃亡到吳國，吳國接納他，任用爲宰相，後來出兵攻楚，毀壞平王的墳墓。釁ㄒㄧㄣ蚠ㄈㄣ黃生長於楚國，奔走到晉國，替晉國治理七十二縣，使得行人不撿拾別人遺失的東西，老百姓不貪得非分的財物，城門不必關閉，國內沒有盜賊。今天我來貴國的時候，在濮水邊遇到公子皙，看他行色匆匆的，又不知道他將要去治理什麼地方了。」

楚王聽了，趕緊派遣一位專使，乘坐一輛四馬拉的華貴車子，加上副使的兩輛快車，盡全速去追趕公子晳。原來公子晳還逗留在濮水邊，滿懷信心地在等待好消息呢！他因爲付託得人，終能囘到楚國而被重用。

盈而不虛

孟嘗君有個負責看大門的食客，叫做張祿，有一天拜見孟嘗君說：

「想讓衣服常新而不舊，倉庫充盈而不空虛，這是有辦法的；您知道嗎？」

孟嘗君說：

「衣服常新而不舊，那就美觀了；倉庫充盈而不空虛，那就富有了。怎麼做才能這樣呢？能夠說來聽聽嗎？」

張祿說：

「希望您尊貴了就要提拔賢人，富有了就要救濟窮人；這樣就能衣服常新而不舊，倉庫充盈而不空虛。」

孟嘗君認爲他的話很有道理，整天都在回味它的含意，分析它的文辭。等到第二天，就派人捧著黃金百斤和織有花紋的布百匹，贈送給張先生。張先生卻推辭掉，不願接受餽贈。

後來張先生又去晉見孟嘗君。孟嘗君說：

「前天我私下很欣賞您的指教，所以派人捧著黃金百斤和織有文彩的布百匹贈送給先生，好讓您貼補家用的不足。先生爲什麼推辭而不接受呢？」

張祿說：

「您要是挖出偶而擁有的金錢、搬出倉庫裡的糧食來補貼士人，只會落得衣服破爛、鞋子穿底而不夠開銷罷了，怎麼能使得衣服常新而不舊、倉庫充盈而不空虛呢？」

「這樣說來，那麼該怎麼做法呢？」孟嘗君問。

張祿說：

「那秦國是個四境均有要塞的險固國家，想遊說求官的人都無法進入。希望您替我寫一封長信，把我推薦給秦王。我到秦國要是被任用，就等於您親自到秦國當大官；要是不被任用，那麼即使有人想在秦王面前中傷您，那秦王也會想起您曾推薦我的這回事。」

孟嘗君就替張祿寫封信，把他推薦給秦王。張祿一到秦國，就被秦王重用了。

有一天，張祿向秦王報告說：

「自從我來到大王的國境，田地日漸開闢，官吏和百姓的政事更加上軌道；但是大王有一樣東西沒得到，大王知道嗎？」

「究竟還有什麼東西？」秦王問。

張祿說：

「那山東齊國的宰相叫做孟嘗君的，眞是個賢人；天下沒有緊急的變故便罷了，要是有緊急的變故，他就能收納天下英雄豪傑才俊之士。天下値得聯合交往的，我想大概只有這個人了。既然這樣，那麼大王爲什麼不透過我和他親善親善呢？」

秦王聽從張祿的建議，派人帶了千金去贈送給孟嘗君。秦王特使到達的時候，孟嘗君非常驚訝，仔細想一想後，才恍然大悟說：

「這就是張先生所說的衣服常新而不舊、倉庫充盈而不空虛的道理吧！」

枯魚之肆

莊周家裡鬧窮，去向魏國告貸些小米。魏文侯說：

「好的，等老百姓納了糧，一定給你送去。」

莊周說：

「今天我來的時候，看見路旁的牛脚印中有條鯽魚嘆著氣向我問道：『我還能活嗎？』我說：『等我替你到南方晉見楚王，求他潰決長江、淮水來幫你灌水。』鯽魚瞪著眼恨恨地說：『現在我的性命只要一盆一甕ㄨㄥ的水罷了，竟然要替我去見楚王，求他潰決長江、淮水來幫我灌水；那你就要到枯魚市場找我了。』現在我因爲鬧窮才來借些小米，你却說等老百姓納了糧再給我；卽使馬上送來，也要到傭工市場找我了。」

文侯於是就撥出百鍾（六斛四斗為一鍾）的大米，派人送到莊周的家裡。

高不可增

子貢拜見太宰嚭；太宰嚭問道：

「孔子是怎樣的一個人？」

「我不夠瞭解他。」子貢回答。

「你不瞭解，爲什麼侍奉他呢？」太宰問。

子貢回答說：

「正因爲不瞭解，所以要侍奉他。夫子就像廣大的山林一樣，人們可以分別從他那兒取得需要的材料。」

「你誇張了夫子嗎？」太宰嚭問。

子貢回答道：

「夫子是不能誇張的。我端木賜好比一堆土壤；拿一堆土壤加到大山上面，不能增加它的高度，只會顯得自己的笨拙。」

「既然這樣，那麼你對夫子的學問該有所斟酌選擇呀！」太宰嚭說。

「不錯！天下有這樣一個大酒樽，只有你不去斟酌享用，不知道是誰的罪過哪！」子貢回答。

渴飲江海

趙簡子問子貢說：

「孔子做人的態度怎麼樣？」

子貢回答說：

「我不能瞭解。」

簡子不高興地說：

「你侍奉孔子幾十年，完成了學業才離開他，寡人一問你，你却推說不能瞭解他。你這是什麼意思？」

子貢說：

「我就像口渴的人吸飲江海的水，很快就滿足了；孔子正像江海，我怎麼足夠去瞭解他呢？」

「子貢的話，的確有道理！」簡子說。

每變益上

趙簡子向成摶ㄊㄨㄢˊ問道：

「我聽說羊殖是位賢能的大夫；他的德行怎麼樣？」

「我不知道。」成摶回答。

「聽說你跟他最要好；連你都不知道，為什麼呢？」簡子問。

成摶說：

「他做人的態度老是改變。當他十五歲的時候，廉潔而不隱匿自己的過失；二十歲的時候，仁愛而崇尚正義；三十歲的時候，做晉國的中軍尉，勇敢而更崇尚仁德；五十歲的時候，當邊城的守將，又能使遠方的人來親近。現在我已經有五年沒見他了，恐怕他又改變，因此才說不知道。」

簡子說：

「果然是位賢能的大夫，每次改變都更上一層。」

奉使第十二

金史第十二

不可豫知

趙國使者要出發到楚國去，那時候趙王正在彈瑟，特別停下來告誡他說：

「一定要按照我吩咐的話說。」

使者頓了一下，才說：

「大王彈瑟的聲調，今天特別優美淒涼呀！」

「大概是宮商諸絃剛剛調整得很和諧罷！」趙王客氣地回答。

「既然調整得這麼和諧，爲什麼不在絃柱上做個記號呢？」使者建議。

「空氣的濕度不一樣，會影響到絃的張力，彈出來的聲調也就有差異。天氣的變化不可知，宮商高低隨時會遷徙ㄒㄧˇ，所以不能做記號。」趙王說。

使者接口說：

「賢明的君主派遣使者，只把任務和原則交付給他，並不先制定辭令來限制他；因爲使者到了外國，遇到吉事就要向人祝賀，遇到凶事就要向人慰問。如今楚國離開趙國有一千多里路，吉凶憂患不可逆料，好比紘柱不能做記號一樣。有句詩說得好：『那些匆匆趕路的使者們，常常耽憂不能趕上時間。』」

雖死無二

楚莊王親自率領軍隊討伐宋國，宋國向晉告急求救。晉景公想派軍隊去拯救宋國，大夫伯宗進諫說：

「上天正在開拓楚的國運，不可輕易出兵討伐。」

於是晉國就訪求壯士，找到一個霍人，叫做解ㄒㄧㄝ揚字子虎的，派他去叫宋國不要投降。解揚路過新近跟楚國親善的鄭國，洩露了身分，被逮捕了。鄭人把他獻給楚王後，楚王拿優厚的禮物送給他，跟他訂約，要他顛倒晉人的話，改成叫宋國趕緊投降。經過再三的要求，解揚才勉強答應。

於是楚人就讓解揚乘著樓車，逼近宋城，要他呼喚宋國趕緊投降。解揚高高站在樓車上，大聲叫道：

「晉國正在動員全國兵力來援救宋國；宋國即使危急，千萬不要投降，晉兵立刻就來了。」

楚莊王很憤怒，要烹殺他。解揚說：

「國君制定的命令，就是正義；臣下能稟ㄅㄧㄥ承命令，就是守信；我稟受國君的命令出來辦事，即使死在眼前，也不敢變心。」

「你既然答應過我，一轉身就違背誓言，你守信守在那裡？」楚莊王斥責他。

「我冒著死罪答應大王，只想藉此來完成國君交付的使命。因此而被殺，我不會有遺恨的。」解揚昂昂面對刑具大聲說著，又轉回頭向楚王說：

「做人臣子的，都不會忘記因為盡忠反而被殺死的人。」

楚王幾位弟弟都主張赦免解揚的死罪，楚莊王只好赦免了他，還讓他回晉國去。後來晉國任命解揚為上卿，人們都稱呼他為霍虎。

顚倒衣裳

魏文侯封太子擊於中山，有三年的時間沒半個使節往來通音信。太子的侍從官趙人倉唐進諫說：

「爲人子女，三年沒聽到父親的消息，不能稱得上孝順；做人父親的，三年不垂問子女，不能稱得上慈愛。您爲什麼不派個人出使到父母之國呢？」

「我好久就想這樣做，只是沒找到可以派遣的人。」太子說。

「我願意擔任這個差使。」倉唐說：

「請問君侯有什麼嗜好？」

「君侯喜歡吃野鴨子，又喜愛北方的獵狗。」太子說。

於是太子就請倉唐牽一條北方的獵狗，捧幾隻野鴨子，回到魏國去獻給文侯。

倉唐來到魏國，請求謁見說：

「君上的孽ㄋㄧㄝ子擊派來的使者，不敢跟大夫們在朝廷並列，請賜給一點休閒的時間，讓我捧著野鴨子，敬獻給您的廚子，讓我牽著北方的獵狗，敬獻給您的太監。」

文侯得到了報告，高興地說：

「擊兒眞孝順，知道我愛吃的，知道我喜歡的。」

文侯召見倉唐，問道：

「擊近況還好嗎？」

「嗯！嗯！」倉唐只用鼻音回答。

文侯連問了三次，倉唐都只嗯一下；最後才迸ㄅㄥ出話來說：

「君上派出太子，封他爲國君，却直呼他的名；這是不合禮法的。」

文侯一下子驚訝得變了臉色，終於改換語氣，鄭重問道：

「你的主君還好嗎？」

「我來的時候，他還在宮廷裡拜送書信呢！」倉唐回答。

文侯回頭指著左右侍者，問道：

「你的主君，長得跟誰一樣高？」

「按照禮法，比擬一個人一定要找同等的對象；諸侯沒有可以相稱的，就不能夠比擬。」倉唐莊重地說。

「長大得跟寡人差不多了嗎？」文侯又問。

「君上賜給他的外府的皮裘，已經能夠穿了；賜給他的腰帶，還不必放寬。」倉唐回答。

「你的主君研讀什麼？」文侯又問。

「研讀詩。」倉唐答。

「對於詩，他喜歡那幾篇？」文侯又問。

「喜歡讀晨風、黍離兩篇。」倉唐回答。

「那疾飛的晨風，飛入濃鬱的北林；看不見君子，叫人憂心欽欽。爲什麼？爲什麼？那麼久都忘了我。」文侯自己朗誦起晨風首章，接著問道：

「你的主君以爲我忘了他嗎？」

「不敢，只是常常思念君上罷了。」倉唐回答。

「是黍？是稷？那茂密的禾苗，橫在路上隨風逍遙。一步挨一步邁向未知，我的心也像禾苗在飄遙。人家正為遠離而煩憂，偏偏有人怪我妄想追求。悠悠蒼天哪！是誰使我孤零零一個？」文侯又吟哦了黍離首章，接著問道：

「你的主君埋ㄇㄞ怨我嗎？」

「不敢，只是常常思念君上罷了。」

文侯於是賜給太子一套衣服，打發倉唐馬上回去覆命，並命令倉唐務必在鷄啼的時候回到中山。

倉唐一路上抱怨魏文侯對太子那麼冷淡，竟然沒有一點愛意。一套衣服算得了什麼呢？倉唐想：這一趟是白走了，實在沒臉再見太子。不過，他還是按照指定時刻回到中山，硬著頭皮求見太子。

公鷄的啼叫聲此起彼落，天色還未明亮。太子一聽說倉唐回來，趕緊起床迎接拜謝。倉唐只能默默奉上衣箱。

太子接受賞賜後，打開衣箱，看見那套衣服翻轉顛倒，都是裏在外，面在內。太子立刻說：

「趕快！趁早駕馬車，君侯召見我。」

「我回來時並沒接到這個命令。」倉唐很驚訝。

太子說：

「君侯賜我衣服，不是怕我著凉。他想召見我，又不願別人知道，所以命令你務必在鷄啼時趕到。那詩上說：『東方還沒露出曙ㄕㄨ光，爲了趕上早朝，慌慌張張，却顚倒了衣裳；正在顚來倒去時，君侯又派人來催。』」

於是太子立刻趕回魏國拜見文侯。文侯看到太子回來，非常高興，就擺列盛宴歡迎他。文侯在席間向羣臣說道：

「疏遠賢人而接近所寵愛的，不是治國的長策。」

於是文侯改封少子摯爲中山君，而讓太子擊回到自己身邊來。

無變國俗

越國派大夫諸發拿一枝梅花贈送給梁王。梁王有個臣子叫做韓子，忿忿地回頭向同事們說：

「那有用一枝梅花來贈送國君的呢？等著瞧吧！我替你們去羞辱他。」

韓子就出去向諸發說：

「我們大王有命令，來客戴帽子才以禮召見，不戴帽子就免談。」

諸發說：

「我們越國也是天子所封，只因沒得到冀ㄐㄧˋ州、兗ㄧㄢˇ州，才在偏僻的海邊趕走外族而居處，而蛟龍又來和我們爭地盤。我們把頭髮翦斷，在身上刺花紋，讓色彩斑爛可觀，打扮得像個龍子，就是爲了防避水神。如今貴國却吩咐戴帽子才以禮召見，不戴帽子就不召見。假使貴國使者有一天也訪問敝國，敝國的國君也下一道命令說：『客人一定要翦髮紋身才召見。』這樣貴國將有什麼感受？如果你們覺得心安，我願意借頂帽子晉見；如果心裡覺得不安，希望不要改變鄙國的習俗。」

梁王聽到這件事，趕緊穿好衣服出來接見諸發，並下令放逐韓子。

天子召見

晏子出使到吳國，吳王交代外交部長說：

「我聽說晏嬰是北方最有辯才又熟習禮儀的人，如今來到我們吳國，可要吩咐禮賓官：客人來了，就高喊天子召見。」

第二天，晏子有事求見吳王。吳國的外交部長安排好時間，就自行傳達命令說：

「天子召見齊國大使。」

晏子聽了，再三顯出侷促不安的樣子，憂懼地說：

「我奉敝國君的命令，要出使到吳王的國度，笨拙的我却迷迷糊糊誤撞入天子的朝廷。請問吳王在那兒？」

吳王看看沒辦法自大，只好改變語氣說：

「夫差請見。」

晏子終於只用見諸侯的禮儀晉見吳王。

不剖而食

齊景公派晏子出使到楚國。楚王叫人送來幾個橙子請晏子吃，盤子旁邊還擺了一把削皮刀。晏子答謝後，不客氣地就當著楚王面前吃得津津有味。看到晏子那種吃相，楚王忍不住笑起來，說道：

「吃橙子要先剖開再剝皮。」

原來晏子是連皮帶瓤ㄖㄤˊ整個咬橙子的。晏子也笑笑說：

「我聽說：在人主面前受到賞賜吃東西，瓜桃不可削皮，橘柚不可剖開。如今大王沒有先示意，我就不敢拿刀子剖開它，並不是我不知道橙子要剖開剝皮呀！」

橘化爲枳

晏子將出使楚國；楚王知道了，趕緊跟左右親信商量道：

「晏子是個賢人，現在要來我國；我想羞辱他一番，用什麼方法比較好呢？」

「等他來的時候，我就綁一個罪人打從大王面前牽過去。」左右親信說。

晏子來到楚國了。有一天，楚王故意跟晏子站在宮外談話。官吏押著一個被綁著的人，打從他們前面經過。楚王明知故問道：

「那是什麼人？」

「齊國人。」官吏回答。

「犯了什麼罪？」楚王問。

「犯了偷竊罪。」官吏答。

「齊國人本性喜歡偷竊嗎？」楚王衝著晏子說。

晏子回頭看看那個犯人，說道：

「江南有橘樹，齊王派人拿去種在江北，結果長大後不結橘子，却變成枳ㄓ。為什麼會這樣呢？大概是土地氣候的不同才使它變種吧！如今齊人住在齊國不曾偷竊，來到楚國就手癢，難道不是土地氣候使他這樣嗎？」

楚王吶吶ㄋㄚ說道：

「我想跟你開個玩笑，反而損了自己。」

不肖使楚

晏子出使到楚國。晏子身材矮小，楚人探聽了他的身高，特地爲他在王宮大門旁邊開個恰到好處的小門，讓晏子專用。當晏子來的時候，禮賓官請他走小門。晏子停下來，不肯接受這份盛情，說道：

「出使到狗國才從狗洞進入；現在我出使楚國，不應該走這個洞洞。」

禮賓官只好打開大門，讓他入宮拜見楚王。

楚王看到這個侏儒，沒好氣地說：

「齊國沒有人嗎？」

晏子回答道：

「齊都臨淄有萬戶人家，一齊張開袖子就是一片帳幕，揮灑汗水就像下場大雨；大家肩併著肩，脚跟接著脚跟，都在忙著工作，怎麼說沒有人呢？」

「既然有人，爲什麼派你當使節？」楚王問，提高了半音階。

晏子說：

「齊國派遣使節有個原則：賢能的人出使到君主賢明的國家，不賢能的人出使到君主不賢明的國家。我晏嬰被認定最不賢能，所以只配出使到楚國呀！」

辭令造命

秦、楚兩國起了衝突，秦王派人到楚國辦交涉。秦使節一來到楚國，楚王就叫人去戲弄他說：

「你來的時候也占卜過嗎？」

「是的！」使節回答。

「占卜的徵兆怎樣？」

「很吉祥。」使節回答。

「唉！太荒唐了！由此可見你們國家並沒有神龜。我們大王就要殺掉你，用來釁ㄒㄧㄣ鐘（用血塗補鐘的隙縫），怎麼會吉祥呢？」

秦國使節說：

「秦、楚兩國發生衝突，我們大王派我來，就是想試探你們。要是我死了，大王看我沒回去，就會加強警戒，整頓軍隊，以防備楚國的侵略；這就是我所謂的吉祥。況且假使人死了便沒有靈魂，拿他來釁鐘又有什麼用呢？假使人死了還有靈魂，我難道會捨棄秦國來幫助楚國嗎？我將使楚國的鐘鼓發不出聲響。鐘鼓發不出聲響，就沒辦法整齊士卒而指揮軍隊了。殺人家的使節，阻絕人家的交涉，不是古代通行的法則。請您這位大夫仔細考慮考慮吧！」

楚王得到這一番報告，趕緊赦免秦國的使節。秦使自能轉禍爲福，這就是所謂的「造命」。

問梧之年

楚國派使節到齊國拉交情，齊王在梧宮擺下國宴款待他。楚使節說：

「好大的梧桐啊！」

齊王說：

「大江大海的魚可以呑沒舟船，大國的樹木也一定巨大。使者何必驚怪呢！」

楚使節說：

「從前燕國攻打齊國，軍隊循著雒ㄌㄨㄛˋ路，渡過濟橋，焚毀臨淄的雍門，攻擊齊國的左邊，就使得齊國的右邊空虛。齊將王歜ㄔㄨˋ在杜山上弔而死，公孫差在龍門格鬪被殺，燕兵長驅直入，在淄水、澠ㄇㄧㄣˇ水放馬飲水，又在琅ㄌㄤˊ邪ㄧㄝˊ打了決定性的大勝仗，逼得齊王與太后奔逃到莒城，亡命於城陽的山裡。在那個時候，梧桐究竟有多大呢？」

「陳先生，你告訴他吧！」齊王說。

「我比不上刁ㄉㄧㄠ勃的淵博。」陳子說。

「那麼請刁先生告訴他。」

刁勃說：

「使者問梧桐的年齡嗎？以前荆平王暴虐無道，加害申氏，殺死伍子胥的父親和長兄，逼得子胥逃亡到吳國，披髮乞食，餓倒街頭。後來吳王闔廬重用他爲將相，只隔三年，伍子胥就率領吳兵向楚國復仇，在柏擧一戰擊潰楚軍，砍下百萬首級，楚將囊瓦逃奔到鄭，楚昭王也藏匿於隨。伍子胥於是率軍進入楚都，軍隊如雲湧般籠罩了整個郢城。子胥拉弓親射宮門，挖掘平王的墳墓，鞭打棺材，追討平王的老帳說：『我的先人沒有罪，你却殺害他。』子胥自已鞭屍還嫌不夠，又叫每個士兵輪流鞭打一百下，才算洩了憤。在那個時候，梧桐枝幹已經可以做爲鞭打的棍棒了。」

師強王堅

蔡國派遣師強、王堅兩人出使到楚國。楚王聽到他們的名字，說道：

「人名都叫得這樣響噹噹，只是爲了表示他們的軍隊強盛和國王的意志堅定嗎？」

楚王趕緊召見他們。晉見時，他們不按照禮儀行事；看看他們的大塊頭，就令人懷疑是冒著假名來的；而講起話來刮刺刺ㄌㄚ的很難聽，五官也令人看了惡ㄜ心。

楚王因此非常生氣，說道：

「當今蔡國沒有人才嗎？果然如此，這個國家就可以討伐。有人才而故意不派遣嗎？果然這樣，也可以討伐。是專門派這兩個人來警告寡人嗎？假使這樣，那更應該討伐。」

為了派遣兩個使者，引起人家三個討伐的動機，這蔡國眞糊塗啊！

獻鵠空籠

魏文侯派遣親信毋擇獻一隻天鵝給齊侯。毋擇在半路上讓牠跑掉了。他照樣來到齊國，拜見齊侯，獻上空籠子，說道：

「敝國君派我毋擇獻上天鵝一隻，在路上我看天鵝飢餓口喝，就放牠出來吃東西喝水，誰想到天鵝竟然一飛冲天，不再同來。我並不是沒錢再買一隻天鵝來頂替；但是，怎麼有替國君出使，却草率更換禮物的呢？我並不是不能拔劍自刎，讓肉體腐爛、骸骨暴露於荒野；只是怕我的國君從此有重天鵝而輕士子的惡名。我並不是不敢逃亡於陳、蔡二國之間，只是怕因此而斷絕了齊、魏兩國君的來往。有了這些顧忌，所以我才不避死罪，來獻上空籠子。現在就任憑主君斧鑕嚴刑的誅戮吧！」

齊侯非常高興，說道：

「寡人今天聽到這些話，遠勝過得到三隻天鵝。寡人在都城郊外有百里地，願意獻給大夫做爲湯沐邑（古時帝王賜予諸侯的土地，其收入供齋戒、沐浴用）。」

毋擇回答說：

「那裡有爲自己的國君出使而粗心丟掉禮物，又貪得諸侯土地的呢？」

毋擇辭謝了齊侯，就離開齊國，却沒同魏國去。

權謀第十三

以目代耳

齊桓公單獨和管仲商量討伐莒國的事；計劃還沒有發布，國人卻已經知道了。桓公覺得很奇怪，便問管仲。管仲說：

「國內必定有聖人。」

桓公感歎地說道：

「唉！前天那些做工的人，其中有一個拿柘ㄓㄜ木杵ㄔㄨ的人老是向上看，大概就是他吧！」

管仲叫那些工人再來做工，不能夠有頂替的。過了一會兒，東郭垂來了。管仲說：

「一定是這個人。」

管仲就叫禮賓官請他到朝堂上。按階級站好了，管仲問道：

「就是你說出要討伐莒國的嗎？」

「是的。」東郭垂回答。

「我並沒說要討伐莒國，你怎麼那樣說呢？」管仲問。

東郭垂說：

「人家說君子善於謀畫，小人善於揣測。我是私下揣測的。」

「我並沒有提到伐莒的事，你怎麼揣測的？」管仲又問。

東郭垂說：

「我聽說君子有三種臉色：優游自得歡喜快樂的，是敲鐘擊鼓演奏音樂的臉色；哀愁安靜淒涼的，是辦喪事的臉色；勃然盛氣充斥眉宇的，這是將用兵的臉色。那天，我望見您在臺上和國君談話，勃然盛氣充斥眉宇，這是將用兵的臉色；您壓低聲音而不拉長聲調，所談的就是莒國的事；您舉起手臂所指向的地方，也是莒國的方向。我私下想，那些小諸侯中，還沒降服的，大概只有莒國吧！所以我才說國君將伐莒了。」

何國先亡

晉國太史屠餘眼見晉國混亂，晉平公又驕縱無德義，就抱著晉國的法典同到周。周威公召見他，向他問道：

「天下國家，那個先滅亡。」

「晉國先滅亡。」屠餘回答。

威公追問其道理。屠餘說：

「我不敢直接勸諫，就把天上出現的奇異現象指給晉公看，要他注意日月星辰的運行大都脫離了軌道；他却說：『多奇妙啊！爲什麼能這樣呢？』我告訴他因爲人事多變遷，百姓多埋怨；他却說：『這有什麼關係？』我又告訴他鄰國將不順服我們的作爲，賢良的人不會跟我們在一起；他却說：『這又有什麼要緊呢？』晉公根本不知道存亡的道理，所以我斷言晉國會最先滅亡。」

過了三年，晉國果然被韓、趙、魏三國瓜分而滅亡。

晉被瓜分後，威公又召見屠餘而問道：

「那一國將接著滅亡？」

「下一個就是中山國。」屠餘說。

威公追問他有什麼徵兆。屠餘說：

「天生衆民，本來就叫人們要有所分別。有所分別，是做人最起碼的道理；人類和禽獸麋鹿不同的地方就在這裏，君臣上下的關係也靠著它而建立。中山國的風俗，拿白天當夜晚，拿夜晚繼續白天的荒唐，男女混在一起，生活浪漫猥ㄨㄟ褻ㄒㄧㄝ，毫不節制，只知荒淫昏亂，盡情享樂，又喜歡歌唱悲哀的曲子，他們的國君却不知道禁絕它。這是亡國的風俗，所以我斷言下一個滅亡的是中山國。」

過了兩年，中山眞的被滅亡了。

中山亡後，威公又召見屠餘而問道：

「下一個又是那個國家呢？」

屠餘不肯回答。經過威公再三的請求，屠餘才說：

「下一個就是您了。」

威公非常恐慌，趕緊訪求國內年長有德的人，得到錡ㄑㄧˊ疇ㄔㄡˊ、田邑二人而尊崇他們，又得到史理、趙巽ㄒㄩㄣˋ二人做為諫臣，並且除去苛刻的法令三十九件。威公把這些措施告訴屠餘；屠餘卻說：

「大概還可以讓國運延長到你的一生。我聽說國家要興盛時，上天會送給他賢人和竭力諫諍的臣子；國家要滅亡時，上天就會送給他作亂的人和善於諂媚的臣子。」

威公死了以後，果然國內大亂，經過九個月都沒辦法安葬。從此小小的周就分裂爲東、西二周了。

行之者主

蔡國人威公關起門來哭，哭了三日三夜，哭得眼淚都乾了，甚至流出血來。鄰居從牆外偸看到他痛苦的情形，就問他說：

「你爲什麼哭得這樣傷心呢？」

威公歎口氣說：

「我們國家快要滅亡哪！」

「怎麼知道呢？」

「我聽說病得快死的人，替他推薦再好的良醫也起不了作用；註定要滅亡的國家，爲它提供再好的計謀也不會被接受。我屢次勸諫國君，國君都不採納，可見國家快要滅亡哪！」威公說。

那位從牆外窺探的人聽了他的話，不久就把全族人都搬到楚國去。

過了幾年，楚王果然派軍隊討伐蔡國。威公那個鄰居也當起楚國的軍官，帶著軍隊跑來跑去，俘虜了很多人。他常常問俘虜們說：

「有沒有我的兄弟或老朋友呢？」

他發現威公也跟俘虜們被綁在一起，就問他說：

「你怎麼落到這個地步？」

威公回答說：

「我怎麼不會落到這個地步？我聽說過：言論家是實行家的奴隸，實行家是言論家的主人。你能實行我說過的話，所以你是主人，我是奴隸。我怎麼不會落到這個地步呢？」

威公的鄰居去向楚王求情，就把威公釋放了，並帶他一起到楚國去。

何有於君

管仲病危的時候，桓公去慰問他，說道：

「仲父假使離棄寡人，可以讓豎刁掌管政權嗎？」

管仲回答說：

「不可以。豎刁自己閹割以求得君上的任用；他連自己的身體都忍心傷害，對於君上還有什麼不忍心做的？」

「既然這樣，那麼易牙可以嗎？」桓公又問。

管仲回答道：

「易牙解剖自己的幼子烹調給君上吃；他連自己的兒子都忍心殺死，對於君上還有什麼不忍心做的？如果重用他們，一定會被諸侯們笑。」

管仲死後，桓公還是親近小人，終於在豎刁、易牙擅權作亂中被活活餓死，死了六十天，屍體腐爛生蟲，蟲都流出門外，還沒有人替他收埋。

不出此門

韓昭侯大興土木，修建宮殿的高門。屈宜咎說：

「昭侯走不出這個高門。」

「爲什麼呢？」有人問。

屈宜咎說：

「不合時宜。我所說的不合時宜，並不是指良時吉日。人都有順利和不順利的時候；昭侯曾經很順利，那時候却不造高門。前年秦國攻陷我們的宜陽，去年又遇到大旱災，人民鬧飢荒；不在這時候憐恤人民的災難，反而更加奢侈浪費。所謂福無雙至，禍不單行，這句話將應在昭侯身上。」

等到高門築成，昭侯也死了，居然走不出這個高門。

將亡拒諫

石益告訴孫伯說：

「吳國快要完了，你也知道嗎？」

孫伯說：

「你現在才知道，太慢了。我怎麼不知道呢？」

「既然早就知道，你爲什麼不進諫？」石益說。

孫伯說：

「從前夏桀加罪於勸諫的人；商紂焚燒聖人，挖出王子比干的心；袁氏的太太紡絲的時候失去了頭緒，侍妾好意告訴她，她竟老羞成怒，把侍妾趕出門。注定要滅亡的人怎麼會承認自己的過失呢？」

報怨以德

齊桓公將要討伐山戎和孤竹國，派人到魯國請求援助。魯君召集羣臣來討論，都說：

「軍隊跋涉幾十里路，深入蠻夷地方，一定回不來。」

於是魯國口頭答應助齊，却沒派出軍隊。

齊國討伐了山戎和孤竹國以後，想轉移部隊攻打魯國。管仲說：

「不可以這樣做。諸侯還沒有親附，現今又討伐遠地；要是一回來就誅討近鄰，鄰國更不會親附。這不是邁向霸王的方法。君上所得的山戎寶器，是中國少見的；何不進獻一些到魯國周公的廟呢？」

桓公就分一些山戎的寶器，進獻到魯國周公的廟。

第二年，齊國起兵討伐莒國。魯國下令所有的男子都要助齊出征，連五尺（約九十公分）高的小孩也都到齊。

孔子說：「聖人轉變災禍爲幸福，拿恩德報復仇怨。」說的就是這個故事。

先絕貢物

商湯想討伐夏桀；伊尹說：

「請先斷絕對夏朝的貢物，再看看他的反應。」

夏桀因爲商湯的怠慢而大怒，調遣九夷的軍隊來討伐他。伊尹說：

「我們還不能跟夏桀針鋒相對。他能調動九夷的軍隊，就表示罪過在我們這一邊。」

於是商湯就向夏桀謝罪，請求降服，再度獻納貢物。

第二年，商湯又不獻納貢物。夏桀又大怒，想調動九夷的軍隊，九夷的軍隊却不聽他調遣了。伊尹說：

「可以伐桀了。」

商湯就興兵討伐夏桀，終於把他流放到南巢。

獨見精當

武王伐紂，軍隊經過山間窄道時，就把兩岸挖崩；渡過河流，就把舟船摧毀；通過山谷，就把橋梁拆掉；走過山地，就把野菜燒光：這是向軍隊暗示自己百折不回的決心。到了有戎，通過一條山道時，突起一陣暴風，把軍旗吹斷了。散宜生勸諫說：

「這大概是上天示妖孽來警告我們吧！」

「不是；這是上天派兵下來幫助我們。」武王說。

暴風停止了，接著又下一場大雨，水流遍地，不利行軍。散宜生又勸諫說：

「這大概是上天示妖孽來警告我們吧！」

「不是；這是上天灑下兵士來協助我們。」武王說。

武王的臣屬們以火灼龜占卜吉凶的時候，火熄滅了。散宜生又勸諫說：

「這大概是上天示妖孽來警告我們吧！」

「依照目前的狀況，不利於禱告神明以求福，而利於激勵士氣以殺敵，這是火熄的意思。」武王說。

武王順應天地，冒犯三種不吉祥的妖孽現象，終能在牧野一戰擒殺紂王，這是因為他對事理見解獨到且精當ㄉㄤˋ啊！

一時之權

晉文公和楚人戰於城濮。文公向咎犯請教謀略，咎犯回答說：

「服從正義的國君，認爲信用不值得稱述；能征慣戰的國君，認爲詐僞不值得講究。楚王能征善戰，對他運用詐術好了。」

文公又向雍季請教，雍季回答說：

「焚燒森林來打獵，獲得的野獸雖多，第二年就不能再有了；將水澤弄乾再捕魚，得到的魚雖多，第二年也不能再有了。詐僞雖可苟且得大利，可是以後不再有好的酬報。」

晉人終於跟楚軍交戰，打了個大勝仗。到了獎賞戰功時，先賞雍季而後賞咎犯。侍從人員說：

「城濮之戰，用的是咎犯的謀略啊！」

文公說：

「雍季的話，是百世長久的策略；咎犯的話，只是一時權宜的措施，我已經照辦了，却有點後悔。」

善解預兆

城濮之戰前，文公告訴咎犯說：

「我要占卜戰事的吉凶，灼龜時火却熄滅；我們面衝著歲星，他們背著歲星；掃帚星出現，他們握著帚柄，我們捧著末梢ㄕㄠ；我又夢見跟楚王打架，他在上面，我被壓在下面。有這麼多不吉利事，我不想打這個仗了。你認為怎樣？」

咎犯回答說：

「占卜戰事的吉凶，灼龜時火却熄滅，表示楚人註定被消滅。我們面衝著歲星，他們背著歲星，表示他們逃亡而我們追趕。掃帚星出現，他們握著帚柄，我們捧著末梢，要是揮軍橫掃的話，那麼就對他們有利；要是奇兵突擊的話，那麼就對我們有利。君上夢見跟楚王打架，他在上面，君上被壓在下面，那就是君上仰望蒼天而楚王俯伏請罪。況且我們以宋、衞兩國爲主力，又有齊、秦兩國的輔助，我們順合天道不說，就是單靠人事，本來也會打勝仗的。」

文公聽從咎犯的話，堅定了信心，終於大敗楚人。

利去凶至

越國鬧饑荒，句ㄍㄡ踐大爲恐慌。四水進諫說：

「饑荒，是越國的幸福而吳國的災禍呀！吳國非常富足而財物有餘，他們的國君愛好虛名而不考慮後患。假使我們用謙卑的言辭和優厚的禮物去向吳國請求購買穀類，吳國一定會賣給我們；一旦賣給我們，那麼吳國就可以攻取了。」

越王採納四水的建議，向吳購買穀類。吳國將答應越國的請求；伍子胥却進諫說：

「不可以這樣做。吳、越是土地相接的鄰國，道路互相銜接，向來是仇恨交戰的國家，最後不是吳佔領越國，就是越國佔領吳。那中原的齊、晉大國，絕不可能越過三江五湖來吞併吳、越的。現在不如趁著越國鬧饑荒的良機攻打它；這也就是我先王闔廬所以稱霸的緣故啊！況且那饑荒是什麼呢？那就像深淵一樣，是無法滿足的。吃敗仗的事情，那一國能保證沒有呢？君王如果不趁此良機而攻擊，反而把他們想買的米輸送過去，那麼吉利就會跟著失去而凶年也就降臨，到時候弄得財物缺乏而百姓怨恨，再後悔就來不及了。」

吳王說：

「我聽說講道義的軍隊不去制服仁人，也就是說不趁著人家飢餓求助時攻打他。即使能得到十個越國，我也不願意做那種不義的事。」

吳國終於把越國要買的米輸送過去。三年以後，吳國也鬧饑荒，向越國請求買米糧；越王不但不給，反而乘機攻擊，終於攻破了吳國。

一舉三俱

趙簡子派成何、涉他和衞靈公在鄟ㄓㄨㄢ澤會盟。靈公剛要歃ㄕㄚ血（以血塗口旁以示信）爲盟，成何、涉他招ㄑㄧㄚ住靈公的手，用力壓進牛血裡，沾得滿手血腥腥。靈公很憤怒，想要背叛趙國。王孫商說：

「君上想要背叛趙國，不如跟百姓一起厭惡趙國。」

「怎麼做呢？」衞靈公問。

王孫商回答說：

「請您命令我向全國通告說：『家中有姑姊妹女的，每家要送一位到趙國當人質。』這樣百姓一定會埋ㄇㄢˊ怨，君上就可以藉機背叛趙國了。」

「很好！」靈公說。

這個通告下達三天後，就來個連續五天的緊迫徵召人質，使得全國人民都在里巷中哭泣。靈公於是召集國內大夫們商量說：

「趙國殘暴無道，背叛它好嗎？」

「好的！」大夫們都贊成。

於是靈公下令把通往趙國的東門關閉，只准出入西門。

趙王聽到衞靈公因會盟而受辱，以致於率領國人背叛趙國的經過，就逮捕涉他而處以死刑，並派人向衞國謝罪。成何溜得快，逃奔到燕國去了。

子貢批評道：

「那王孫商可以說善於謀畫了。憎恨人而能害他，有禍患而能設法解決，想利用百姓就能使他們歸附；一舉而三事都完成，可以說善於謀畫了。」

難得易失

鄭桓公到鄭地去朝見天子，接受封地，晚上投宿在宋國東境的旅館。有位老人從外頭進來，看到他的排場，問道：

「客人要到那兒去？」

「到鄭地去朝見天子，接受封地。」

老人說：

「我聽說：時間難以掌握而容易溜逝。如今客人在這裡悠閒地過夜，恐怕不是去接受封地吧！」

鄭桓公聽了，趕緊拉起繮繩，自己就要駕車走，害得僕人撈起剛洗好的米匆匆上了車。

鄭桓公繼續趕了十天十夜的車，才趕到鄭地，竟發現另一個貴卿釐何也同時到達，想來跟他搶封地呢！

至公第十四

延陵季子

吳王壽夢有四個兒子，大的名叫謁，其次叫餘祭，再次叫夷昧，最小的叫季札。季札號稱延陵季子，最是賢能，哥哥們也都佩服他。當吳王壽夢去世時，大哥謁想把王位讓給季子，季子却始終不肯接受。謁就立一個約定說：

「季子賢能，一定要把王位傳給季子，吳國才可以興盛。」

於是從謁以後就採用兄終弟及的傳位方式，兄弟們一個接一個當吳王。他們吃飯的時候一定祈禱說：

「讓我早一點死，好把王位快點傳到季子。」

夷昧死的時候，該傳給季子了；季子正好出使外國，不在國內。庶母所生的兄長僚說：

「我也是哥哥呀！」

於是僚就自立爲王，作威作福起來。季子回國後，仍舊事奉吳王僚，一點也不在意。謁的兒子光憤憤不平地說：

「按照我父親的意思，那麼王位應當歸屬季子；按照傳統的繼承法，那麼我是嫡長子，應該繼立爲君。那個僚憑什麼當國君呢？」

光就派專諸把吳王僚刺殺了，然後要把王位讓給季子。季子說：

「你殺掉我的國君，如果我接受你給予的王位，那麼我就變成跟你同謀篡ㄘㄨㄢ位了。你殺了我哥哥，我要是又殺你，那就會導致兄弟父子相殺，永沒個完了的時候。」

季子終於住到封地延陵去，終身不再進入吳國。

妄想禪讓

秦始皇帝既已呑併天下，就召集羣臣們討論說：

「古時候的五帝把帝位禪讓給賢能的人，三代聖王却把王位傳給子孫。究竟那一種正確，我就照著實行。」

參加會議的有七十位博士，都沒人敢回答。後來鮑白令之才鼓起勇氣說：

「如果把天下看成是公有的，那麼禪讓給賢人就對了；如果把天下當做是私家的，那麼傳位給子孫就對了。五帝把天下看成是公有的，所以禪讓給賢人；三代聖王把天下當做是私家的，所以傳位給子孫。」

秦始皇帝仰首對天而歎，說道：

「我的道德遠承自五帝，我要公天下。什麼人可以繼承我而君臨天下呢？」

「陛下走的是桀紂的路子；想模仿五帝的禪讓，不是陛下辦得到的。」鮑白令之說。

「令之！到前面來！你爲什麼駡我走的是桀紂的路子？趕快解釋清楚，說不出道理就是死路一條。」秦始皇很生氣地說。

令之囘答道：

「請聽我解釋一下。陛下建築的樓臺高聳雲霄，宮殿綿亙ㄍㄣ五里，造千石重的鐘，萬石重的鐘架，宮中美女數百，歌星戲子近千人，又興造驪山宮室，延伸到雍州，連續不斷。陛下自己所享受的，眞是耗盡天下人民的財力物力，所作所爲駁雜不正，自私自利，不能夠推己及人。陛下正是所謂專爲自己打算、以自我爲中心的君王，怎麼還有空閒去和五帝的德行比美，還夢想公天下呢？」

始皇聽得垂頭喪氣，答不出話來，臉色很難看，好久好久才哼出聲來說：

「令之的話，竟然叫大家看不起我。」

於是就停止這種打算，再沒有禪讓的意思了。

楚弓楚得

楚共王出去打獵的時候，遺失了他的弓。左右侍從官要去尋找，共王說：

「不要了。楚人遺失的弓，被楚人撿到；又何必找它呢？」

孔子聽到這回事，批評道：

「可惜他的胸襟還不夠大；只要說『有人遺失弓，有人撿到它』就夠了，何必局限在一個『楚』字呢！」

固辭薦賢

楚國的令尹虞丘子向莊王報告說：

「我聽說敬重公事、奉行法令，可以得到榮譽；才能膚淺、德行輕薄，不要妄想高位；沒有仁智的美名，不要追求顯赫的榮耀；不是自己能力所及的，不要佔住那個位置。我做令尹已經十年了，並沒把國家治理得更好，訴訟案件不曾中斷，有才學的隱士沒有受到提拔，淫亂殘暴的人沒有加以誅討。我長久佔據高位，只是坐領乾薪，光吃飯而不做事，貪財縱欲，不知滿足，阻擋了羣賢升遷的路子。我的罪狀，早就應當交付法庭審判。爲了贖罪，我私自挑選出一位國內的才俊之士來接替我的職位。他是個鄉下人，叫做孫叔敖ㄠ，長得清秀瘦弱而多才多藝，性情澹泊而沒有欲望。君上如果能提拔他，把國政交給他，那麼國家一定可以治理得很好，士民也會歸附。」

莊王說：

「由於你的幫助，寡人才能在中原爭長ㄓㄤ，命令通達荒遠的地域，終能稱霸於諸侯。這不是你的功勞會是誰的？」

虞丘子說：

「長久佔據高官厚祿，就是貪婪ㄌㄢ；不推薦賢能的人使他們顯達，就是誣罔；不把高位讓出來，就是不廉；有三樣中任一樣的行爲，就是不忠。我身爲人臣而不忠，君王爲什麼又認爲我是忠臣呢？我還是堅決地請求辭職。」

莊王答應了，就賜給虞丘子三百戶的采地（封邑），尊稱他爲「國老」。

孫叔敖被任命爲令尹後沒多久，虞丘子的家人犯了法，就被孫叔敖抓去處死刑。虞丘子趕緊進宮去見莊王，說道：

「我說孫叔敖果然可以掌理國政。他奉行國法而不偏私，執行刑罰而不枉曲，眞可稱得上公平。」

莊王說：

「這都是你的貢獻啊！」

韓厥不黨

趙宣子向晉侯推薦韓獻子說：

「他的爲人不會阿ㄜ比結黨，治理軍隊有條不紊，面臨生死關頭不會恐慌。」

晉侯因此任命韓獻子爲中軍的指揮官。

晉軍後來與秦軍在河曲發生遭遇戰，趙宣子的座車亂了陣勢，韓獻子就把趙宣子的車夫抓來抵罪而處以死刑。大家都說：

「韓獻子這下死定了。上司早上剛推薦他，到傍晚就反過來處死上司的車夫，這樣子誰忍受得了？」

戰後，趙宣子請大夫們喝酒。敬過三次酒後，宣子說：

「諸位應該祝賀我。」

「不知要賀什麼？」衆人問。

宣子說：

「我推薦韓厥給國君，如果推薦錯了，必定要連帶受罪的。今天我的座車亂了陣勢，韓厥就把車夫處死，一點也不阿比偏私。這樣看來，我推薦的很得當。」

衆人再拜稽ㄑㄧˇ首說：

「不僅晉國正享受您帶來的福氣，連祖先唐叔也有依賴了，我們那敢不再拜稽首呢？」

爲公薦仇

晉文公向咎犯請敎說：

「可以派誰去當西河太守？」

「虞子羔可以。」咎犯回答。

「他不是你的仇人嗎？」文公問。

「君上是問可當太守的，不是問我的仇人。」

事後虞子羔去拜見咎犯，向他道謝說：

「很榮幸蒙您寬恕我的罪過，把我推薦給國君，使我能夠當西河的太守。」

咎犯說：

「推薦你是公事，怨恨你是私事，我不因私事而妨害公事。你該走了，要不然我就要射殺你。」

子文至公

楚令尹子文的族人有犯法的，法官下令逮捕他；後來聽說犯人是令尹的族人，法官就把他釋放了。子文知道後，把法官叫來，責備他說：

「國家所以要設立法官，就是要處置觸犯王令和偵探違背國法的情事。一個正直的人在辦理法律案件時，有時很溫柔，但不會撓曲；有時很強硬，但不會武斷。現在你背棄法令而釋放犯法的人，就是執法不正直、居心不公平。難道是我平日有營謀私利的念頭嗎？為什麼法官遇到我就不依照法令辦案呢！我當令尹而領導士民，士民有時候還抱怨我不能使他們免於法律的制裁。如今我的族人犯了法，衆人皆知，要是法官爲了討我歡心而釋放他，這樣就等於向國人宣布我向來辦事不公正。掌握一國的權柄，卻以私心著稱；與其活著而不合正道，我倒不如死掉算了。」

隨後令尹子文派人把族人押到法官那裡，吩咐道：

「要是不依法施刑，我將以自殺來向國人謝罪。」

法官害怕了，終於把令尹的族人處死。

楚成王聽到這件事，連鞋子都沒穿，就趕緊跑到子文的家裏，向他慰問道：

「寡人年紀小不懂事，任用的法官不妥當，以致違逆了您的心意。」

於是楚王就貶退法官而尊重子文，把內政也交給他掌管。

國人知道了這件事，都說：

「像令尹這樣的公正，我們還擔心什麼呢？」

於是楚國人作了一首歌，大家高高興興地唱著：

「子文族人，
犯罪不輕；
法官饒他，

子文不聽。

顧念民情，

方正公平。」

法官逃難

子羔在衞國當法官時，遇到內亂，許多不法分子想逮捕他。子羔想要逃出城去，但是慢了一步，外城門已經被封閉。他正在城門前著急的時候，有個人撐著拐杖跨到他身邊問道：

「大法官要出城嗎？」

子羔擡頭一看，嚇得冒冷汗，吞吞吐吐地說：

「沒……沒什麼！」

原來那個人的一雙脚已被砍斷，是子羔主審判決的受刑者，後來被發落在此守城門。危急時偏偏撞上這一道門，眞是陰錯陽差。追兵已到，完了！子羔想。

斷脚漢迅速地舉起右手腋窩下的笨重的拐杖向前揮。

「要逃就快點！那邊有個缺口。」斷脚漢說。

子羔順著拐杖的指向，果然看到用竹籬遮蔽的缺口。但是子羔却說：

「君子不跳牆，即使生命危險。」

「不然這邊有個洞。」

「君子更不願意鑽狗洞！」子羔搖搖頭。

「大法官，請問我這個斷脚的，到底算不算人？」

「謝謝你的開導！誰能否定你呢？是不是人，就在自我的肯定。不過，我也要堅持做爲君子的原則。」子羔回答。

「既然我還算是個人，就請大法官到人住的房子裡面避一避風頭吧！」斷脚漢邊說邊蹦跳向城牆的缺口處，把遮蔽缺口的竹籬笆打落地面。

子羔眼看追兵快到，只好緊跟上斷脚漢迅捷的跳躍，走進城門左側的矮屋裡。

那些暴亂分子追到外城門，看看守城門的是個斷脚漢，就相信他的話，一個一個匆匆忙忙打從缺口追出去。斷脚漢就坐在城牆脚數著他們的人數。枯候了一頓飯的時間，天色也黑了，那些暴亂分子才一個一個又爬進城來，一個也不少。

斷腳漢這時才進屋去，催促子羔趕快出城。子羔卻說：

「我還是沒路可走啊！城門已經關了。」

「讓我慢慢打開城門歡送吧！剛才情勢急迫，即使送您出去，恐怕也會被抓到。」斷腳漢說。

「我親自判你的罪刑，砍掉你的雙腳。如今我在逃難中撞在你的掌握裡，正是你報怨的良機，爲什麼反而幫我逃命呢？」

「根據現行的國法，斷腳本來是我應得的罪，那是沒辦法的事。您在審判我的時候，曾經反反覆覆探究法令，想要讓我免受刑罰；這一點我是聽人家說的。當刑案審訊終結，罪罰論定，向我宣判的時候，我看到法官您的臉色很憂愁。我的腳雖然丟了，您的心情卻填補了我的缺陷。您難道是特別對我好嗎？不是的，那是您天生一副悲天憫人的心腸，自自然然流露出來的。這是我幫你逃過追兵的原因。」斷腳漢輕輕鬆鬆地說，好像被砍腳的不是他自己。

後來孔子聽到這件事，就說：

「會做官的人樹立恩德，不會做官的人就會樹立仇恨。子羔能夠秉公處理案件，更有一副仁慈的心腸，眞是會做官呀！」

指武第十五

不明武道

王孫厲對楚文王說：

「徐偃王喜好施行仁義之道，漢水以東三十二諸侯國都對他心悅誠服了！大王如果不討伐，楚國恐怕就得臣服於徐國。」

文王說：

「假如徐偃王眞正是有道之君，就不可討伐。」

王孫厲說：

「大國伐小國，強國伐弱國，就像大魚呑小魚，老虎吃小豬，怎麼有行不通的道理？」

文王於是興師伐徐，摧殘了徐國。

徐偃王將死的時候，嘆息道：

「我依賴文德而不整飭武備，喜歡施行仁義之道而不知敵人奸詐的機心，以致落到國亡的地步。」

古代的王者，所以成其爲王者，除了講求文德仁義外，大概都講求武備，有防人之心吧！

登高言志

孔子到魯國北部遊覽，從東邊登上農山，子路、子貢和顏淵跟在身邊。孔子長嘆一口氣說：

「登上高處向下眺望，使人感慨萬端。你們且談談各自的抱負，讓我聽聽吧！」

子路搶先說：

「我希望遇到明月般白色羽毛和太陽般赤色羽毛裝飾的盛壯三軍，那鐘鼓的聲音宏亮得可以上達霄漢，旌旗飄揚飛舞，籠罩地面。我如果率領軍隊攻擊這樣裝備精良的敵軍，一定可以節節勝利，擴地千里。這種事唯有我辦得到，他們兩位只好委屈點當我的跟班。」

「是敢作敢爲的勇士呢？還是忿恨不平的人呢？」孔子笑笑說。

子貢接着說道：

「當齊楚會戰於遼濶的原野、兩軍壁壘相當、旌旗相互對峙、兵馬掀起的塵埃瀰漫天地、短兵相接、血肉橫飛時，我願穿著白上衣，戴着白帽子，在白刃之間陳述道理，化解兩國的戰禍。這樣的事唯有我辦得通，他們兩位只好委屈點當我的跟班。」

「是能言善道的辯士呢？還是輕舉妄動的人呢？」孔子笑笑說。

顏淵在旁默默不語。

孔子說：

「顏回呀！過來！怎麼只有你不談談抱負呢？」

顏淵說：

「文武兩方面的事情，都被他們包辦了，我那裏敢加入呢？」

「你不屑於那些事吧！雖然不願加入，也勉強談談。」孔子說。

顏淵說：

「我聽說鮑ㄅㄠ魚（醃ㄧㄢ魚）和蘭芷ㄓ（二香草名）不可以藏在同一個箱子裏，堯舜和桀紂不能治理同一個國家。他們兩位說的和我的志願完全兩樣，怎麼能相提並論呢？我願找個明王聖主來輔助他，使得城郭不必修築，溝池不用挖掘；我要鎔化劍戟ㄐㄧˇ等兵器而鑄成農具，使天下千年沒有戰鬬的禍患。如果這樣的話，那麼子路又何必忿恨不平地出兵攻擊呢？子貢又何必輕舉妄動地挺身遊說呢？」

「是優遊自在的美德呢？還是雍容華貴的人呢？」孔子說，連連點頭。

子路舉手問道：

「我們願意聽聽老師的高見。」

孔子說：

「我所希望的，正是顏回的抱負。我樂意背着衣箱，跟隨這個姓顏的孩子。」

武王伐紂

武王將伐紂，召見太公望而問道：

「我想還沒交戰前就知道必可得勝，不必占卜就知道一定吉利，更想驅使外國的百姓。有辦法做到這些嗎？」

太公回答說：

「有辦法的。大王如果能贏得衆人的心，而後去討伐無道之君，那麼不用交戰就知道必可得勝了；以賢明去討伐不肖的敵人，那麼不用占卜就知道一定吉利了；對方殘害百姓，我們造福百姓，那麼即使不是我們自己的百姓，也能夠驅使了。」

武王說：

「眞是好辦法！」

武王又召見周公而問道：

「議論天下事的人，都認爲殷紂是天子，周國是諸侯；以諸侯攻天子，有辦法戰勝嗎？」

周公回答說：

「殷紂眞的是天子，周國眞的是諸侯，那麼就沒有打勝仗的希望了，怎麼還能攻伐呢？」

「你這話有道理嗎？」武王很生氣地責問。

「我聽說：攻伐政治上軌道的國家叫做賊，攻伐行事合義理的國家叫做殘。失去統御人民力量的就叫做匹夫；大王所攻伐的是失去人民擁戴的匹夫，那裏是攻伐天子呢？」

武王說：

「說得好！」

於是武王就動員民衆和軍隊討伐殷紂，大戰於牧野，徹底擊敗殷人。

周武王進入朝歌，登上廟堂，看見很多寶玉，問道：

「這是誰的寶玉呢？」

「是諸侯們的寶玉。」左右的人回答。

武王就叫人把寶玉歸還給諸侯們。

天下人知道了，都說：

「武王並不貪得財物呀！」

武王進入宮室，看見許多美女，問道：

「這些是誰的女兒呢？」

「是諸侯們的女兒。」左右的人回答。

武王就派人把美女送還給諸侯們。

天下人聽到了，都說：

「武王並不貪戀美色呀！」

接着武王又分散巨橋糧倉的米粟和鹿臺積存的財物金錢給士兵和百姓們。

既得天下民心，武王班師回鎬ㄏㄠ京後，就廢掉戰車不再奔馳，放棄戰袍、武器不再使用，將馬放到華山，把牛放到桃林，表示不再動用武力。

天下人聽到了，都說：

「武王能夠行義於天下，怎麼不偉大呢！」

宣言爲民

周文王想討伐崇國，先發表文告說：

「我聽說崇侯虎，藐視父執侮辱兄長，不尊敬年老的人，審理訟案不公正，分配財物不平均，百姓即使竭盡勞力仍得不到衣食。我來征討他，只是爲百姓着想。討伐崇國時，絕對不許殺人，不許毀壞房屋，不得堵塞水井，不可砍伐樹木，不能動用六畜；如有不遵守命令的，處以死罪，絕不赦免。」

崇人聽到這番宣言，不久也就降服了。

列陣待襲

楚莊王伐陳，吳國派兵來救，正好遇到接連十日十夜的大雨。這一天剛放晴，楚國左史倚相說：

「吳軍今晚一定來偷襲。我軍的鎧ㄎㄞ甲、陣勢、堡壘都已損壞，對方一定會輕視我們。何不重整行列、擺好陣勢、擊着戰鼓等待他們？」

吳國軍隊來到楚國營地，看見楚軍已擺好陣勢，就退回去了。

「追上去。」左史倚相說。

吳軍白走了六十里，沒偷襲成功，回到營地後，吳王已疲憊不堪，士兵也都蒙頭大睡。

楚王聽從左史的建議，隨後率軍進擊，終於大敗吳軍。

少進服敵

吳王闔廬與楚人戰於柏舉，打了大勝仗，一直打到楚都郢城的郊外，節節勝利，凡五次大敗楚人。闔廬的臣子有五位將軍却進諫說：

「這麼深入而迅速地侵佔人家國土，對大王是不利的。大王該班師回國吧！」

闔廬不聽勸諫。這五位將軍表示要砍頭屍諫，闔廬還是無動於衷。等到五位將軍的頭眞的墜落在馬前，闔廬才害怕起來，趕緊召見伍子胥，向他請教。子胥說：

「那五位將軍連日殺得害怕了，那些遭到五次大敗的敵人，一定更加害怕到極點。大王姑且稍爲推進一點，不必那麼急迫。」

吳王終於攻進郢城。一時間，南到長江，北到方城，方圓三千里地，都臣服於吳國。

傾覆則誅

孔子做魯司寇才七天，就在宮闕下誅殺了少正卯。學生們聽到了，都跑來看孔子。來的人雖不說話，但是心裏的疑慮却是相同的。子貢最後到，一來就趕緊走上前說：

「那少正卯是魯國出名的知識分子，老師剛有機會從政，就先誅殺他，爲什麼呢？」

孔子說：

「賜啊！這不是你能瞭解的。王者要誅殺的人有五類，而強盜小偷却不在這裏頭：第一種是內心明辨事理，却陰險惡毒的人；第二種是說話虛僞，却富有辯才的人；第三種是行爲邪僻，却堅毅不拔的人；第四種是志氣愚劣，知識却廣博的人；第五種是旣討好壞蛋，又好施恩澤的人。這五種人都是擁有富於思辨、知識豐富、聰明穎悟、明達事理的名氣，却不是眞正的知識分子。如果讓他們大行其虛僞之道，那麼他們的智慧足以鼓動羣衆，他們的強悍也足以叛國自立；這是姦人中的梟雄，不可不誅殺。有了這五種情形中的一種，就不能免於誅殺；如今少正卯兼有這五種惡行，所以先殺了他。

「古時商湯誅殺蠋ㄓㄨˊ沐，姜太公誅殺潘阯ㄓ，管仲誅殺史附里，鄭子產誅殺鄧析；這五位聖賢沒有不誅殺敗類的。所以要誅殺，並不是因爲那些人在大白天殺人搶刼，在晚上穿壁踰牆，而是因爲他們都是導致國家傾覆滅亡的敗類呀！這樣的誅殺，當然會引起君子的疑慮不安，也會使得愚人迷惑不解。」

不言而知

齊人王滿生求見周公；周公到門外接見他，問道：

「先生遠道而來，不以爲屈辱，可有什麼指教嗎？」

王滿生說：

「談重要的事情在裏面，談普通的事情就在外面。現在您要談重要的事情呢？還是要談普通的事情？」

周公請他進入內室。王滿生說：

「遵命！」

室內雖然鋪着座席，周公却沒請他坐。王滿生說：

「要討論大事的話，就要坐下談；只討論小事，站在您旁邊就可以了。現在您要談大事呢？還是要談小事？」

周公引導他入座。王滿生坐好後，周公就問：

「先生有何指教？」

王滿生說：

「我聽說聖人不必向他說話就能領悟；如果不是聖人，即使說了也不明白。現在要我說出來呢？還是不用說？」

周公低頭想了一會兒，沒有回答。王滿生拿起筆在木版上寫道：

「國家將危險，已壓到胸前。」

周公擡起頭來看了這些字，說道：

「是的！是的！我懂得您的指教了。」

周公下定決心，第二天就親自率軍誅討管叔和蔡叔。

談叢第十六

遷居更鳴

班鳩遇到一隻匆匆忙忙的貓頭鷹，就攔住牠，問道：

「你要到那兒去？」

「我要遷居到東方去。」貓頭鷹長吁ㄒㄩ一聲說。

「爲什麼呢？」班鳩問。

「村裏的人都討厭我的叫聲，所以要搬到東方去。」貓頭鷹說，無限委屈地。

班鳩說：

「你能夠改變叫聲才好搬家呀！要是不能改變叫聲，遷到東方去，東方人照樣討厭你。」

雜言第十七

君子道狹

子石登上吳山，向四面眺望了一會兒，長歎一聲說：

「唉呀，眞是可悲呵！世上儘有一些是通情達理，却不能迎合主人心意的；也有迎合主人心意，却不通情達理的。」

「這怎麼講呢？」他的學生問。

子石說：

「從前吳王夫差不聽伍子胥忠心耿耿的勸諫，反而賜他死罪，挖掉兩目；而太宰嚭、公孫雒二人爲求容身，一味逢迎，順着夫差的心意征伐越國，結果二人沈身於江湖，腦袋被懸掛在越國的旗桿上。古時費仲、惡來革、長鼻決耳和崇侯虎，順着紂王荒淫無度的心理，一味迎合他的意旨，等到武王伐紂時，這四個人終於死在牧野，頭脚都分了家；而比干因爲忠心耿耿，早就被紂王剖出心肝而死了。如今我想要通達情理，却怕惹來挖眼睛剖心肝的災難；想要迎合人主的心意，又怕遭到頭脚分家的禍患。由此看來，做個君子可以走的路太狹隘了；如果遇不到聖明的君王，在這狹隘的路子中，又將危險閉塞得走不動。」

愛憎之變

當彌子瑕受衞靈公寵愛時，衞國有一條法律規定：偷駕國君的車子，要判砍脚的罪刑。彌子瑕的母親生病，有人連夜進宮報告，彌子瑕就擅自駕了國君的車子回家探望。國君知道後，讚美他說：

「眞是孝子啊！爲了母親的緣故，寧願冒犯被砍脚的罪。」

有一次衞靈公到果園散步，彌子瑕摘了個桃子吃，覺得很甘甜，就把吃剩的送給靈公吃。靈公說：

「愛我愛到捨不得獨自享受。」

可是，等到彌子瑕老朽了，姿色難看了，失去靈公的寵愛時，一旦得罪了靈公，靈公就說：

「這個傢伙以前擅自駕我的車到處亂跑，又把吃剩的桃子塞進我的嘴。」

其實彌子瑕的行爲未必和以前的不同，而起先處處被讚美，後來動輒得咎，只因爲人家愛憎的心情不同罷了。

有時有勢

孔子說：

「自從季孫氏賜給我千鍾的俸祿以後，朋友們就和我更加親密；自從南宮敬叔讓我坐他的車以後，我的理想抱負更容易被接受。原來理想抱負有了時機纔會被人看重，有了權勢纔能被人接受啊！要是沒有他們兩位的賜予，我的理想抱負幾乎被人漠視掉呢！」

衆人不識

淳于髡ㄎㄨㄣ對孟子說：

「把功名利祿擺在前頭的人，只是爲別人而做事；把功名利祿擺在後頭的人，纔是爲了實踐自己的理想。先生位在三卿之中，却什麼功名利祿也不曾得着就離開了。仁者本來就這樣嗎？」

孟子說：

「雖然地位卑賤，也不願以自己的才幹去事奉不賢的人，那是伯夷；五次投靠夏桀，五次投靠商湯的，那是伊尹；不厭惡昏君，不因官小而不做的，那是柳下惠。這三位聖賢走的途徑不一樣，却是邁向同一個目標。這同一的目標是什麼呢？

總是個『仁』字罷了。君子但求一個『仁』字罷了，做法又何必一樣呢？」

淳于髡又說：

「當魯穆公的時候，公儀休執政，子思、子庚爲臣，魯國却更加的削弱。賢能之士對國家竟然沒什麼幫助嗎？」

孟子囘答道：

「以前虞國不用百里奚以致亡國，秦穆公用了百里奚却霸天下。如果不用賢才，就注定要亡國，何止是削弱呢？」

淳于髡又說：

「以前王豹住在淇水，河西的人受他的影響，都很會吟唱；綿駒住在高唐，齊國右邊的人也都善於高歌；華舟、杞梁的妻子，因爲痛哭丈夫的壯烈犧牲，感動了天地，一國的風俗都跟着改變。有了眞實的內涵，一定會表現在行事上；那種只耕耘而沒收穫的事兒，我淳于髡從來沒見過。所以說現在根本沒有賢能的人；要是有的話，我一定看得出來。」

孟子囘答道：

「孔子當魯司寇而不受重用，有一次參加祭典，連祭肉也不分給他，於是孔子連帽子也來不及脫，便去官離國。不滿意他的人以爲他是爲了吃不到那一小塊祭肉；跟他要好的人以爲他是爭一個『禮』字；而實際上孔子却是藉這小處的不合禮而離開，不願意在大事故的時候草率去職而讓國君蒙羞。由此可見：君子的所作所爲，本來就不是一般人所能瞭解的。你又怎麼能看得出呢？」

何能相梁

聽說梁國宰相死了，惠施喜孜孜地動身到梁國去。他上船渡河時，匆匆忙忙地竟掉到水裏，好在被划船的人救起來。船夫問他說：

「先生匆匆忙忙地要到那兒去呢？」

「梁國沒有宰相，我要去當梁國的宰相。」惠施回答。

「你連上船都這樣莽撞，弄得全身濕，怎麼能當梁國的宰相呢？要是沒有我，你已經死定了。」船夫哈哈大笑。

「你成天在船上工作，這方面我當然跟不上你；至於安定國家，保全社稷，你跟我比起來，只像一條蒙昧無知還沒開眼的狗罷了。」惠施說。

適子所能

西閭過要到東方去，上船渡河的時候，掉進水裏，差點淹死。船夫把他拉上來，問道：

「你要到那兒去呢？」

西閭過說：

「要到東方去游說諸侯君王。」

船夫掩住口失聲笑道：「你連渡河都掉進水裏，差點淹死；像這樣差勁，又怎能游說諸侯呢？」

西閭過說：

「不要拿你所懂的來損人。你難道沒聽說過嗎？那和氏璧價值千金，但拿來做紡織的梭子，却不如磚瓦的管用；隋侯珠是國寶，但用它來做彈丸，却不如泥丸的管用；騏驥、騄ㄌㄨ駬ㄦ拉車載物，一日奔馳千里，這是天下最快的速度了，但是叫他去捉老鼠，還不如價值百錢的貍ㄌㄧˊ貓；干將、莫邪是天下的名劍，砍在鐘上鐘不響，切東西毫無感覺，揮舞起來削鐵如泥，這是最銳利的了，但是拿來當補鞋的工具，却不如兩個錢買來的錐子稱心。如今你操着槳楫，駕着小船，成天在浩瀚的江流裏，冒犯澎湃的波浪，這恰好是你的能耐所在罷了。如果讓你去游說東方的諸侯，面對一國的君王，你那蒙昧無知的樣子，就跟還沒開眼的小狗沒什麼兩樣了。」

非命自取

魯哀公問孔子說：

「有智慧的人會長壽嗎？」

孔子說：

「當然會。人們有三種死法，都非關命運，而是人們自己找死的。凡是不按時睡覺休息，飲食沒有節制，逸樂或勞累過度的，死於疾病；爲人部屬却忤逆上司，窮奢極慾，一味追求而不知自足的，死於刑殺；以少數侵犯多數，以弱者欺陵強者，忿怒而不自量力的，死於刀兵之下。這三種死法，都非關命運，而是自己找來的。詩上說：『人如果不懂得節制，那有不枉死的呢？』說的正是這道理。」

時不我遇

孔子在陳、蔡之間遇難，住的是破落的房子，坐的是粗糙的草席，七天沒米吃，連野菜羹都沒米屑可摻ㄔㄢ，跟從的學生們都面有飢色，他還是不停地要求學生讀詩、讀書、研究禮儀。子路忍不住就進諫說：

「做好事的人天便降福給他，做壞事的便降禍來報應。如今老師積德行、做好事已很久了，却遭到這樣的災難，或者老師有什麼我們不知道的過失行爲嗎？不然爲什麼會落到這個地步呢！」

孔子說：

「由啊！過來，你不瞭解的。坐下吧！我告訴你。你認爲聰明人就無所不知嗎？那麼王子比干怎麼會被解剖心肝而死？你認爲勸諫的人就必定被聽信嗎？那伍子胥何以落得被挖下眼睛掛在吳國的東門？你認爲廉潔的人一定被人重用嗎？那伯夷、叔齊又爲什麼會餓死在首陽山下？你認爲一片忠心的人一定被人重用嗎？那麼鮑莊爲什麼會乾瘦而死？荆公子高爲什麼終生被埋沒？鮑焦爲什麼抱著樹木而乾枯？介之推又怎麼會跑到綿山活活被燒死？所以說學問好、眼光遠的君子，得不到機運的太多了，那裏會祇有我一個呢！賢能與否是個人的才分，做不做是個人自己的處世態度，受不受人重用是機運的問題，死生又是個人命裏注定的。具備才學而得不著機運，任他有通天的才幹，也沒法施展。如果能得到機運，要施展抱負又有什麼困難呢？所以舜耕於歷山，又流落到河邊捕魚，終於被立爲天子，那是遇到帝堯呵！傅ㄈㄨˋ說ㄩㄝˋ擔土築牆，終能輔佐天子，那是遇到武丁呵！伊尹本是有莘ㄕㄣ氏陪嫁的臣僕，背著鍋鼎砧板，烹調五味，終於輔佐天子，那是遇到成湯呵！呂望五十歲還在棘津賣零食，七十歲還在朝歌殺牛，到了九十歲才當了天子的老師，那是遇到周文王呵！管夷吾被綁著，矇著眼睛打進囚車裏，却從囚車中被提昇爲仲父，那是遇到齊桓公呵！百里奚把自己賣了五張羊皮，當人家奴隸，替人牧羊，却做到卿大夫，那是遇到秦穆公呵！沈尹聲望滿天下，位居令尹，還能讓位給孫叔敖，那是遇到楚莊王呵！伍子胥起初多功勳，最後却慘遭殺害，並不是他的智慧不如從前，而是原先遇到闔廬，後頭遇到夫差呵！唉！千里馬拖著鹽車，遭到困厄折磨，並不是牠沒有千里馬的骨架，而是世人不能賞識牠；如果千里馬遇到王艮、造父這般善於相馬御馬的人，那裏會使不出日馳千里的脚力呢？芝蘭生長在深林，並不因爲沒人欣賞而不芳香；所以說讀書人並不是爲著要顯達才讀書，而是讀了書才知道禍福的微妙而心不迷惑，在貧窮時能夠不困頓、在憂患中能夠不頽喪呀！聖人的心思深遠而獨知獨見，正是這個樣子。舜也是聖賢，能夠位極天子，南面而治天下，只因爲被帝堯賞識；如果讓舜處於夏桀、殷紂的時代，能夠自免於刑戮就不錯了，又怎能當上什麼官來施政呢？那夏桀殺關龍逄ㄆㄤ而殷紂殺王子比干，在那個時候，難道說關龍逄無知而比干無慧嗎？這是桀紂無道的時代使得他們遭殃呀！所以君子只應該趕緊讀書、修養身心、端正品行罷了，其他的就要等待機運。」

以歌止戈

孔子要到宋國去，經過衞的匡邑。匡簡子早就想殺陽虎，而孔子的相貌正像他，結果被誤認了。匡簡子不加查證，就派軍隊包圍孔子住的屋子。子路很憤怒，拿起戟來，要衝出去拚ㄆㄢ命。孔子阻止他，說道：

「講究仁義的人，怎麼也這樣不能免於世俗的衝動呢？不讀詩、書，不研究禮、樂，是我的過錯；如果是相貌像陽虎，就不是我的罪過了，因此而罹ㄌㄧˊ難，也是命中注定的吧！由啊！你唱歌，我來和ㄏㄜ。」

子路拉開大嗓子高歌，孔子和著唱；纔唱了三遍，軍隊就解圍而去。

至聖之士

子夏問孔子說：
「顏淵的爲人怎麼樣？」
「顏回的信實超過我。」孔子回答。
子夏又問：
「那子貢的爲人又怎麼樣呢？」
「端木賜的敏捷超過我。」孔子回答。
子夏又問：
「子路的爲人又怎麼樣呢？」

「仲由的勇敢超過我。」孔子回答。

子夏又問：

「那子張的爲人怎麼樣？」

「那顓ㄓㄨㄢ孫師的莊重超過我。」孔子回答。

於是子夏離開座位而請教道：

「既然這樣，這四個人爲什麼還要追隨老師呢？」

孔子說：

「坐下吧！我告訴你。顏回能夠信實而不能變通，端木賜能夠敏捷而不能謙遜，仲由能夠勇敢而不能畏懼，顓孫師能夠莊重而不能和同。卽使兼備這四位的長處，我還不樂意呢！所謂至聖的知識分子，一定是懂得或進或退的便利和屈伸自如的效用的呀！」

來者不止

東郭子惠向子貢探問道：

「孔夫子的學生成份為什麼那樣龐雜呢？」

子貢說：

「矯正器的旁邊一定堆積很多歪曲的木頭，好醫生的門庭必然聚集很多病人，磨刀石的四周總是擺很多頑劣鈍銹的刀器。我的老師研習正道，以等待天下人的請教，來學的人絡繹不絕，所以就龐雜了。詩上說：『那茂密的柳樹叢呵，蟬聲嘒嘒ㄏㄨㄟ；那深深的谿谷邊呵，多的是莞ㄨㄢ葦ㄨㄟ。』這是說：能廣大，自然就無所不容。」

疾之難行

孔子說：

「一天到晚動不動就挨揍的小孩子，不會聽從父親的教誨；老是被刑罰誅戮所威脅恐嚇的人民，不會服從君主的政令。這是說要求得越急迫，越是行不通，越達不到預期的效果。所以君子不急著裁斷事理，也不隨便任性指使，以免成爲禍亂的根源。」

大水比德

子貢問道：

「君子見了大水，一定仔細觀賞它，是什麼道理呢？」

孔子說：

「那水呵，君子是拿它來比擬道德的。它普遍施予而不存私心，像德澤；所流到的地方都能長養萬物，似仁心；水流一定趨向低處，而或曲或直也都依照理路，像義方；淺的能夠流行遙遠，深的又不可測知，像智慧；奔向百仞的深谷而毫不猶疑，像勇武；看來綿弱，却能慢慢通達，像明察；接受汚濁而不推辭，像包容；不潔淨的流進來，流出去的却已潔淨，像善於化育；水量再大，也一定平坦，像公正；即使滿盈，也用不著槩ㄍㄞ木（平斗斛之木），像度量；經過萬般的阻礙，也必定往東流，像意志。君子見了大水，一定仔細觀賞它，就是有取於這些吧！」

樂水樂山

「那智者爲什麼喜歡水呢？」

「水泉奔流澎湃，日夜不停，像毅力堅強的人；按照理路而流，不漏掉任何小地方，像操守公正的人；總是向低窪處流動，好像有禮的人；奔赴千仞深的谿谷而毫不猶疑，很像勇武的人；遇到阻礙而能澄清自己，好像看透天命的人；不潔淨的流進來，流出去的却已潔淨，好像很會化育的人；一般人都拿它做品評萬物的標準，萬物得著它便能活，失去它便會死，好像是有德的人；淸澄而深沉，深到不可測知，好像明澈的聖人。那水在天地間化潤萬物，無所不至，國家就靠著它而成長。這就是聰明的人喜歡水的緣故呀！詩上說：『在泮ㄆㄢ水上玩樂哪！一邊採摘蓴ㄔㄨㄣ菜；那魯侯流連不去，也在泮水上飲酒取樂。』這裏所描述的就是喜歡水呀！」

「那仁者爲什麼喜歡山呢？」

「那山既是高峻傑出，又連綿不絕，是萬民觀賞仰望的對象。山上草莽叢生，衆木矗立，飛禽聚集，走獸棲息，珍寶礦石蘊藏在裏頭，奇人異士隱居在上面。那山培育萬物而不倦怠，供給四方的摘取而無止境，又能興起風雲，使天地氣息流通，國家也就靠著它而成長。這就是仁愛的人喜歡山的緣故呀！詩上說：『太山那樣的險峻，正是魯侯常常瞻仰的。』這裏所描述的就是喜歡山了。」

辨物第十八

禳災益壽

齊景公命人建築一座供露天寢臥的高臺，築好後却不使用。柏常騫ㄑㄧㄢ說：

「當初營建時趕得那麼急，現在完工了，君上爲什麼反而不使用它呢？」

景公說：

「說的也是。不過，梟鳥接連好幾天都在那裏叫，叫得那麼淒厲，不會是沒有徵兆的，我覺得很不是味道，所以就擱著不用。」

「請讓我來禳ㄖㄤˊ祭一番，把梟鳥除掉吧！」柏常騫說。

「要用些什麼東西呢？」景公問。

「搭座新房子，蓋上白茅草。」柏常騫說。

景公派人照樣準備了。柏常騫就在夜裏行法事，禳解災殃。第二天，柏常騫問景公說：

「昨晚還聽到梟叫嗎？」

「只聽得叫了一聲，就沒再聽到。」景公說。

景公派人去高臺察看，只見一隻梟鳥張開翅膀，趴ㄆㄚ伏在石階上死了。

景公說：

「你的法術這樣靈驗，也能替我添壽嗎？」

「能夠的。」柏常騫回答。

「能添多長的壽命呢？」

「天子九年，諸侯七年，大夫五年。」柏常騫回答。

「會有徵兆顯現出來嗎？」

「祈求而得壽的話，地會震動。」柏常騫回答。

景公高興極了，下令百官趕緊供應柏常騫要用的東西。

這一天，柏常騫盛裝出門，正要去施展他的添壽法術，在路上却遇到晏子。被晏子一瞧，柏常騫慌忙下拜在晏子的馬前，報告道：

「我替國君禳除災殃，殺了梟鳥，國君認爲我的法術高明，進一步要我替他添壽。現在我就要去主持大祭典，爲國君祈求添壽，所以特別來向您報告這件事。」

晏子說：

「嘻ㄒㄧ！眞是好事，能夠爲國君延年益壽。好事是好事，但是我卻聽說唯有政令和道德能夠順應神明的，才有辦法添壽。如今只靠著大祭就可以添壽嗎？那麼得了壽有什麼徵兆呢？」

「祈求而得壽的話，地會震動。」柏常騫沾沾自喜地說。

晏子說：

「柏常騫！昨晚我觀察天象，看那北斗七星中，斗杓ㄕㄠ後的三顆維星散開了，第一顆天樞ㄕㄨ星也離開了本來位置，可見地就要震動了。你就是要利用這現象騙騙國君嗎？」

柏常騫趴伏在地上不敢動，過了好一會兒，才擡頭說：

「是的。」

晏子說：

「祈求添壽的大祭做了沒什麼好處，不做也沒什麼害處。不過，你要是做了，還得藉機會讓國君明白減輕賦稅、不浪費民力的道理呀！」

與神共憂

齊國大旱的時候，景公召集羣臣討論說：

「天不下雨已很久，人民快要挨餓了。我派人占卜，說是高山廣水的鬼神在作祟ㄙㄨㄟˋ。我想一面減輕賦稅，一面祭祀靈山，你們認爲好嗎？」

羣臣都沒話說，唯獨晏子走上前說道：

「不可以，祭祀祂沒好處的。那靈山本來就是以石爲軀體，以草木爲毛髮；天老不下雨，毛髮將燒焦，軀體也將發熱，難道祂就不希望下雨嗎？祭祀祂是沒好處的。」

「不然的話，我來祭祀河伯好嗎？」景公問。

晏子說：

「不可以，祭祀祂也沒好處。那河伯以水爲國家，以魚鼈爲人民；天老不下雨，水泉將低落，百川會枯竭，那麼國家就要亡掉，人民也將消滅，難道祂用不著雨水嗎？祭祀祂是沒好處的。」

「那麼該怎麼辦呢？」景公說。

「君上要是能離開宮殿，暴露在郊野，和靈山河伯共憂患，也許僥倖能下場雨吧！」晏子說。

於是景公眞的到郊外巡視，曝曬了三天，露宿了三夜，第四天下了一陣大雨，把他淋得濕濕的，而人民也都能夠播種了。景公愉快地說道：

「眞好呀！晏子的話能夠不採用嗎？他最善於輔助我的道德呀！」

吾善承教

齊桓公北征孤竹國，纔到卑耳谿前十里的地方，突然停下來，瞪著眼睛注視了片刻，手拿起弓箭想發射，却又放下來。待會兒，桓公長歎一口氣，說道：

「這次出征恐怕不能成功吧！我剛看到有個尺來高的人，穿戴得整整齊齊的，就像個做大官的人，左手拉著衣襟，打從我的馬前跑過去。」

管仲說：

「征伐事一定會成功的，這個人就是知曉先機的神。在您的馬前跑，就是在領路前驅；左手拉起衣襟，大概是告訴您前方將有水，要從左邊渡。」

桓公的遠征軍就拐向左前方前進，走了十里，果然有條河流，叫做遼水。於是就在那兒測量深度：打從左方渡，水纔到足踝；打從右方渡，水竟淹沒膝蓋。渡過遼水以後，果然一戰而征服了孤竹國。桓公在管仲的馬前下拜說：

「仲父的聖知竟到這種境界，我怠慢您太久了。」

管仲說：

「我聽說聖人的先知是能預見於無形；如今已經有了形象我才推知，我只是善於承受您的敎命罷了，稱不上聖知呀！」

虢公夢神

虢ㄍㄨㄛ公夢見自己在一座廟裏，看到一尊人面白毛、虎爪執斧的神，直挺挺地站在西面牆角。虢公恐懼得轉身就要跑，那一尊神說：

「不要跑！天帝將派晉兵偷襲你的城門。」

虢公不覺跪伏在地上，向祂叩頭拜謝。

虢公醒來後，就召史嚚ㄧㄣ來解夢。史嚚說：

「要是像君上所描述的，那就是金神蓐ㄖㄨˋ收了。他是上天專掌懲罰的神，天帝安排的事情，由他來顯靈。」

虢公聽了很不高興，下令把史嚚打進監牢，並且叫國人來祝賀他得到好夢，想藉此來破解。

舟之僑向族人說：

「虢國沒多少時間了，我現在看出了端倪。國君夢到大國將來偷襲，不好好計慮，反而要人慶賀，又何補於事呢？我聽說：大國無道，小國去攻擊它，叫做服；小國輕慢，大國去攻擊它，叫做誅。人民討厭國君的驕奢，於是才有逆命的事發生。如今反而叫人賀惡夢，驕奢也就更爲顯著，這樣上天就要收回警戒而加深人民的厭惡了。人民既討厭國君的驕奢，上天又來誑騙他；等到大國來討伐，才倉促下令迎戰。試想，同宗的國家既看不起他，其他的國家又背棄了自己，裏裏外外也沒有親近的人，有誰肯來救他呢？我不忍看這場面，我要搬家了。」

舟之僑就把全族人都遷到晉國去。過了三年，虢國眞的就被消滅了。

石頭講話

晉平公築虒ㄙ祁ㄑㄧˊ宮，所用的石頭竟然有一塊說出人話來。這個消息傳到平公耳裏，平公很驚奇，就向師曠請教說：

「石頭爲什麼會講話呢？」

師曠回答道：

「石頭本身不會講話，一定是有神靈附著它，要不然就是人們聽得不眞實。我聽說：在不適當的時間勞役百姓，百姓就會滋生怨恨，那麼本來不會講話的東西也要講話了。如今宮殿建造得這樣豪華高大，民力疲困竭盡，百姓痛苦怨恨，簡直活不下去；那麼石頭講講話，豈不是也應該嗎？」

興妖自賊

晉平公外出打獵，看到一隻乳虎伏在地上不敢動，便回過頭高高興興地跟師曠（瞎眼的樂師）說：

「我聽說凡是霸王的英主出現，猛獸遇到了就伏地不敢動。今天寡人出來，看到乳虎伏地而不動；這隻乳虎算不算是猛獸呢？」

師曠說：

「鵲鳥吃刺蝟，刺蝟吃錦鷄，錦鷄吃豹，豹吃駮ㄅㄛ，駮吃老虎，駮的樣子就像駮馬。今天大王出來打獵，一定是參用駮馬拉車吧！」

「是呀！」平公回答。

師曠繼續說：

「我聽說第一次妄自尊大的已接近窮途末路，再次妄自尊大的將遭到羞辱，第三次妄自尊大的死期就到了。如今那乳虎所以伏地不動，爲的是怕駮馬，並不是君上的仁義道德震懾ㄓㄜ了牠；君上爲什麼要妄自尊大呢？」

有一天平公上朝的時候，有隻鳥繞著平公飛旋不去，平公沾沾自喜地回頭又跟師曠說：

「我聽說凡是霸王的英主出現，鳳鳥就會降臨。今天上朝時有隻鳥繞著寡人飛旋，終朝不離開；這隻鳥大概就是鳳鳥吧！」

師曠說：

「東方有一種叫做諫珂ㄎㄜ的鳥，那種鳥全身都是文采而紅脚，牠的習性討厭其他的鳥類而愛狐。今天君上一定是穿著狐裘上朝的吧！」

「是呀！」平公低聲回答。

師曠說：

「我已經說過了，第一次妄自尊大的已接近窮途末路，再次妄自尊大的將遭到羞辱，第三次妄自尊大的死期就到了。如今那隻鳥是爲了狐裘才飛旋不去，並不是君上的仁義道德吸引了牠；君上爲什麼要再度妄自尊大呢？」

平公被澆了冷水，很不高興。過了幾天，就在虒祁宮擺列酒席，先叫郎中馬章在階上滿佈蒺藜，然後再派人召見師曠。師曠來了後，穿著鞋子就要走上大廳堂。平公說：

「怎麼有人臣穿鞋子登上君主廳堂的呢？」

師曠只得脫下鞋子來，赤脚走路。他既然看不見路，當然被刺得鮮血淋漓，哇哇大叫。他向平公伏地跪拜時，膝蓋又被刺了，連手掌也遭殃。

師曠擡起頭來向著天空長聲歎氣，熱淚滾滾而下。平公親自扶他起來，說道：

「現在只不過跟老先生開個玩笑，怎麼就這樣子憂傷呢？」

師曠顫顫抖抖地說：

「我是憂傷那肉自己生了蟲，回頭蟲還是要吃肉的；木料自己生了蠹ㄉㄨˋ魚，回頭蠹魚還是要蛀木料的；人自己造了妖孽ㄋㄧㄝ，回頭妖孽還是要害人的。大夫盛放牛羊的五鼎不應該放藜ㄌㄧˊ藿ㄏㄨㄛˋ野菜，爲人主的堂廟不應該生蒺藜野草呀！」

「那現在該怎麼辦呢？」平公緊張地問。

師曠說：

「妖孽已經在眼前，沒法子防備了。到了下個月的八號，您得整飭百官，立太子；君上將死了。」

到了下一個月的八號，平公安然無恙地向師曠說：

「老頭兒以今天爲期限，你看寡人現在怎麼樣？」

師曠憂傷悽惻ㄘㄜ地向平公一再拜謝，告別而歸。師曠才回去沒多久，平公活生生的就死了。從此人們才知道那師曠眞是神明哪！

翟國之妖

趙簡子問翟ㄓㄞˊ封荼ㄊㄨˊ說：

「我聽說翟國下了三天的穀子，是眞的嗎？」

「是眞的！」翟封荼回答。

「又聽說連下了三天的血雨，是眞的嗎？」簡子問。

「是眞的！」翟封荼回答。

「又聽說馬生牛，牛生馬，是眞的嗎？」簡子又問。

「眞有這一回事。」翟封荼回答。

簡子說：

「眞可怕呵！這些妖孽的出現，足以使國家敗亡了。」

翟封荼說：

「連下三天的穀子，是龍捲風捲起飄來的；下了三天的血雨，那是凶猛的鳥在天上打架的關係；馬生牛，牛生馬，那是混雜着放牧的關係；這些都算不得是翟國的妖孽。」

「那麼怎樣才算是翟國的妖孽呢？」簡子問。

翟封荼回答道：

「這個國家人民一再遷徙ㄒㄧˇ；國君年幼懦弱；朝裏的卿相大臣與大夫們互相賄賂勾搭，結成私黨以竊佔官爵厚祿；百官們又專橫獨斷，使百姓無處訴苦；頒布的政令不能貫徹實施，中途屢次變卦；一般士人淫巧貪婪ㄌㄢˊ而多怨恨：這些才是翟國的妖孽。」

起死回生

扁鵲ㄑㄩㄝ去拜訪趙王的時候，正巧王太子得急症死了。扁鵲來到宮門前，說道：

「我聽說貴國忙着料理埋葬的事，難道有突發的變故嗎？」

趙王的中庶子裏有個喜歡研究方技醫術的人回答他說：

「是的，王太子患急症死了。」

「請你進去報告說鄭ㄇㄛ國醫生秦越人能救活太子。」扁鵲說。

中庶子責問他道：

「傳說上古有個艮醫叫做苗父，苗父在行醫時，只要一床菅ㄐㄧㄢ草做的席子和芻ㄔㄨˊ草紮的狗，向北方禱祝一番，念上十句咒語，那些扶着來的、擡着來的病患，都能夠恢復健康。先生的醫術能夠這樣神妙嗎？」

「沒辦法。」扁鵲回答。

中庶子又責問道：

「據說中古有個良醫叫做俞柎ㄈㄨ，他行醫時能把腦髓搬出來洗，能結紮膏肓ㄏㄨㄤ（心與膈ㄍㄜ間的部分）間的病根，能炊ㄔㄨㄟ灼ㄓㄨㄛ九竅ㄑㄧㄠ（上竅是耳目口鼻，下竅是前陰後陰）而定經脈，終能叫死人復生，所以人稱俞柎。先生的醫術能夠這樣神妙嗎？」

「不能夠。」扁鵲回答。

中庶子笑道：

「那先生的醫術就差勁了，那簡直就像透過竹管子來看天，拿尖錐來量地。醫學要瞭解的範圍是那樣的大，你所知道的又是這樣有限，憑你的醫術，怎麼足夠來嚇唬·ㄏㄨ小孩呢？」

扁鵲說：

「話不能說得這樣武斷，人有時候在昏暗中抓起一塊骨頭也能擲中蚊頭，蒙着眼睛也能辨別黑白的。太子的疾病，就是所謂的『尸厥ㄐㄩㄝ』（氣閉而昏暈叫做厥）。要是不相信，你進去診視看看，太子兩股間會陰處應當還是溫溫的，耳中焦臭而且有鳴聲似的。要是這樣的話，還可救治。」

中庶子進去報告趙王。經過診視後，趙王連鞋子都來不及穿，赤着脚就跑出門來，說道：

「先生老遠地辱臨寡人這兒，太子要是僥倖得到先生的調治，那麼本來要埋葬的，又能在天地間重新做人了；要是先生不屑於醫治，太子就只好像犬馬一樣填進溝壑ㄏㄨㄛ裏。」

趙王話沒說完，淚水已經沾濕了衣襟。

扁鵲答應着手診治太子的病。他首先叫人造一口開敞的大竈，把藥汁煎熬得只剩一碗的八分；又準備砥針礪石，針砭ㄅㄧㄢ太子的三陽五會各經脈；又叫學生子容擣藥，由子明拿藥粉吹進耳朵，陽儀施法術使太子蘇醒；接着子越扶起太子的身體，由子游再施予快速的按摩。經過這番醫治，太子終於活過來了。

天下人聽到這個消息，都稱贊扁鵲能使死人復活。扁鵲却謙辭道：

「我並不能使死人復活，只是使能活的人活而已；那眞正死掉的人還是用藥救不活的，就像那可悲的昏亂的國君已經沒辦法救治一樣。詩上說：『老是推行殘酷的政令，眞是無藥可救。』做得太過分，也就沒辦法挽救了。」

完山之鳥

孔子淸晨站在廳堂裏，聽到有人哭得很悲傷。孔子拿起琴來彈，琴音也同樣充滿悲傷。孔子出門，聽到弟子中有人在唉聲歎氣，就問道：

「是誰呀！」

「是我！」顏回應聲作答。

「你爲什麼唉聲歎氣？」孔子問。

顏回說：

「我剛聽到有人在哭，哭得好悽慘，不只是哭死去的人，還哭生離的人。」

「你怎麼知道呢？」孔子問。

「因爲他哭的聲音像完山的母鳥。」顏回說。

「怎麼講呢？」孔子問。

顏回說：

「我曾見過完山的一隻母鳥，牠生了四隻小鳥；這些小鳥的翅膀長成了，就要離開母鳥而分飛四海。母鳥哀叫着送走牠們，叫聲非常淒涼，爲了這些小鳥再也不會回來。」

孔子派人去探問哭的人究竟爲什麼而悲傷。哭的人說：

「父親死了，家裏窮困，只好賣掉兒子來葬父，如今就要跟兒子分別了。」

孔子說：

「顏回眞是個聰明人哪！」

君易爲善

齊景公在梧丘打過獵後，在行館休息。天還沒黑，景公暫且坐着打盹ㄉㄨㄣ，恍惚間夢見五個高大的男子，向北面對着景公的行館，訴說他們無罪而被殺。景公醒來後，召見晏子，把這個夢告訴他，問道：

「我難道曾經殺過沒有罪的人嗎？」

晏子回答說：

「以前先君靈公在世時，有一回打獵，由五個高大的男子拉網圍獸，却把野獸嚇跑了。靈公把他們殺掉，砍下他們的腦袋，埋葬在一起，稱爲五丈夫之墓。君上夢見的大概就是這些人吧！」

景公派人挖掘那五人顯靈的地方來看看，果然有五個人頭放在一起。景公說：
「唉！眞可憐！叫官吏找塊地方，好好埋葬吧！」
國人不知道景公做夢的事，都互相傳頌說：
「我們國君連白骨都那樣憐憫ㄇㄧㄣ，何況是對活人呢？」
從此國人有力的就出力，有才智的就貢獻才智，一點也不保留。

死後有知

子貢向孔子請教道：

「人死後到底有沒有知覺？」

孔子說：

「我要是說人死後有知覺，恐怕一些孝順的子孫就會成天躭憂死去的親長，而妨害了正常的生活；我要是說沒有知覺，又恐怕不孝的子孫會遺棄死去的親長而不埋葬。賜啊！你要知道人死後有知無知嗎？等你死了慢慢便知道，那還不晚呀！」

田廊不知

楚國王子建奉派出守城父，和成公乾在田中相遇。王子建指着田地問道：

「這是什麼呢？」

「是田地呀！」成公乾回答。

「田地做什麼呢？」

「是用來種廊的。」

「種廊幹什麼？」

「用來製衣服呀！」

成公乾搖搖頭慨歎道：

「以前莊王伐陳，軍隊駐紮在有蕭氏，跟路旁的屋主說：『巷裏的人不和善吧！不然爲什麼連水溝都不疏浚ㄐㄩㄣ呢？』莊王還知道巷裏的人不和善，以致於水溝不疏浚；而今你竟連田地可以種麻、麻可以製衣都不知道。我看你大概不能繼承君位吧！」

後來王子建果然不能繼位。

脩文第十九

禮以御民

齊景公登上射壇主持射儀，晏子準備了應有的禮儀等着執行。景公說：

「選拔射手的繁文縟ㄖㄨˋ節，寡人已經厭煩透了；我只要選拔到好射手，得到天下勇士，和他共謀國事就得了，何必要這一套禮儀。」

晏子回答道：

「君子而沒有禮儀，就和一般百姓沒兩樣了；一般百姓如果不知禮儀，就跟禽獸差不多。再說臣子勇力過人就能弒ㄕˋ殺國君，子弟勇力過人就能弒殺長輩；他們所以不敢那樣做，只因爲有禮儀的約束。禮儀是用來統治百姓的，就像拿繮繩來駕馭馬匹一樣。不用禮儀而能治好國家的，我還沒聽說過。」

景公說：

「有道理。」

於是景公下令重新整飭射壇，並且更換席次，請晏子上座，整天向他請敎禮儀。

三年之喪

小孩生下三年以後，才離得開父母的懷抱，先王制定三年的喪期（實際只二十七個月），爲的是報答父母的恩惠。一年的喪服上達諸侯，三年的喪服却上達天子，這是禮法的常典。

子夏守過了三年的喪，去拜見孔子。孔子給他琴，叫他調調琴絃。子夏拿起琴，調好絃，順手就彈起琴來，樂聲和樂悠揚。子夏邊彈邊說：

「先王制訂的禮法，我不敢不照着辦。」

孔子贊美道：

「眞是君子啊！」

閔子騫ㄑ一ㄢ守過了三年喪，也去拜見孔子。孔子照樣給他琴，叫他調調琴絃。子騫拿起琴，調好絃，順手就彈起琴來，那樂聲悲切淒涼。子騫邊彈邊說：

「先王制訂的禮法，我不敢超越。」

孔子贊美道：

「眞是君子啊！」

子貢前後都看到了，就問道

「閔子哀傷還沒完，老師說他是君子；子夏哀傷已完了，老師也說他是君子。我實在搞糊塗了，請問老師究竟是什麼道理呢？」

孔子說：

「閔子哀傷還沒完，却能拿禮法的規定爲斷，所以說是君子；子夏哀傷已完，却能引用禮法來修身，所以說是君子。那三年的喪期，原是使純孝的人懂得節制哀傷，使孝心差的人能夠勉強哀傷啊！」

爲親事君

齊宣王問田過說：

「我聽說儒家的規制，父母死了要守喪三年，國君死了也是守喪三年。國君與父母到底那個份量重些？」

「大概父母重些吧！」田過說。

宣王很生氣地叫道：

「那麼你們爲什麼要離開父母來侍奉我呢？」

田過說：

「沒有君上的土地就沒辦法使我的父母安居，沒有君上的俸祿就沒辦法奉養我的父母，沒有君上的爵位就沒辦法顯揚我的父母；從君上得到的好處，統統歸之於父母。凡是侍奉國君的，總是爲了父母啊！」

宣王聽了，悶悶不樂，一時也沒辦法反駁他。

死不改義

韓褐ㄏㄜ子要渡河，在渡口操舟的船夫說：

「人們要從這兒過渡的，沒有不先祭神祈求順風的。先生不祭神嗎？」

韓褐子說：

「天子祭海內的神祇ㄑㄧˊ，諸侯祭國境內的神祇，大夫祭遠祖的廟，士人祭祖父母的廟。至於我，可沒資格祭河神。」

船夫揮動槳楫，把船划進河裡，船儘在漩渦裡打轉。船夫說：

「剛才我已經警告過了，先生偏不聽我的話。如今船在漩渦中打轉，非常危險，我看你還是把衣服紮好，準備下水玩玩吧！」

韓子說：

「我才不會爲了人家討厭我而改變我的本意，不會爲了我將死而改變我的做法。」

韓子的話還沒說完，船隻就漂漂蕩蕩滑行起來。

韓子又說：

「詩上說：『茂盛的葛ㄍㄜ藟ㄌㄟ呵，枝條到處蔓延；快樂的君子呵，爲了求福而勇往直前。』連鬼神都不回頭，何況是人呢？」

君子之禮

公孟子高向顓ㄓㄨㄢ孫子莫請教道：

「請問君子的禮儀究竟如何呢？」

顓孫子莫說：

「去掉外表的剛強以及內心的怯懦，不要被外界的物慾引誘；能夠戒除這三樣就得了。」

公孟不能理解，再去請教曾子。曾子聽了這番話，驚異了一會兒，慢吞吞說道：

「講得眞好呀！外表剛強的，內心必然怯懦；容易被外界物慾引誘的，必然被人役使。所以君子有了美好的德行，卻顯得好像一無所知；記聞廣博，卻不與人爭論；計慮深遠，卻是一副愚笨的樣子。」

禮有三儀

曾子病重的時候，孟儀去探望他。曾子說：

「鳥將死的時候，叫聲一定很悲涼；君子將死的時候，講的話一定很順耳。禮有三個標準，你知道嗎？」

「不知道。」孟儀回答。

曾子說：

「你坐下來，我告訴你。君子脩習禮儀以立志，就能除去貪慾的心理；君子念念不忘禮儀以脩身，就不至於有怠惰傲慢的行爲；君子脩習禮儀以行仁義，就不會有忿爭暴亂的言辭。至於怎麼樣擺列罇ㄗㄨㄣ、俎ㄗㄨˇ、籩ㄅㄧㄢ、豆等祭祀的器皿，這是管理祭典的人該辦的事，君子即使不懂這些也不要緊。」

反質第二十

不欲爲機

衞國有五個大漢，每人都背著一只瓦罐，爬進井裏裝滿水，再爬出來灌溉韭ㄐㄧㄡ菜園。他們一天忙到晚，只澆了一畝地。鄧析經過那裏，下車教他們說：「我教你們造一部前輕後重的橋機來汲水吧！你們同樣的忙一天，就可以澆百畝地，況且也不會累。」

那五個大漢說：

「我們老師說：專門發明一些巧妙的機械，終要敗亡在這些所發明的機械上。我們並不是不懂得製作橋機，只是不願做罷了。請你走開吧！我們要專心灌溉，不想改變。」

鄧析離開他們後，步行了幾十里路，臉色漸漸不對勁，竟然生起病來。鄧析的學生們說：

「究竟是什麼人呢？竟敢得罪老師。請讓我們替老師報仇吧！」

「算了吧！那些人就是所謂的眞人，該請他們出來治理國家呢！」

國之大寶

經侯去拜訪魏太子，左邊佩着玉石鑲就的寶劍，右邊佩着玉環；左邊的寶光照耀到右邊，右邊的也照亮了左邊。坐了一會兒，太子不但不看那些寶物，連問也不問一聲。經侯忍不住問道：

「魏國也有寶物嗎？」

「當然有呀！」太子說。

「是什麼寶物呢？」經侯問。

太子說：

「國君誠信，臣下盡忠，百姓都愛戴長上；這就是魏國的寶物。」

「我問的不是這個意思，我問的是器物罷了。」經侯說。

太子回答道：

「我們有國寶的。徒師沼治理魏國，市場上沒有囤ㄉㄨㄣ積居奇的商人；郄ㄑㄩㄝ辛治陽時，道路上的失物沒人撿拾；芒卯ㄇㄠ在朝爲相時，四鄰的賢士都紛紛來求見。這三位大夫就是魏國的大寶。」

經侯半晌說不出話來，默默解下左邊的寶劍和右邊的玉佩，放在座位上，爽然若失地站起來，連告辭都沒有，就快步走出，登上馬車，長驅而去。

魏太子趕緊派專差騎着快馬趕上經侯，把寶劍和玉佩還給他，並且要專差轉告經侯說：

「我沒有可當作寶物的美德，更不能守住這些珠玉。這些東西天冷了不能當衣服穿，肚子餓了不能當飯吃，不要留下來讓我遭殃。」

經侯越想越不是滋味，從此閉門不出，不久也就悶死了。

火災可賀

魏文侯私人的寶庫失了火，文侯很難過，就穿着白色的衣服，避開正殿五天。羣臣也都穿上白色的衣服去慰問他，只有公子成父沒去慰問。後來文侯一恢復正殿臨朝，公子成父就搶先進去道賀說：

「燒得眞好啊！那寶庫的火災。」

文侯板着臉，不高興地說：

「那寶庫是寡人藏寶物的地方，而今火災，寡人素服避正殿，羣臣也都素服來慰問；至於你，身爲大夫却不來慰問。如今我回到正殿來，你却來道賀，這是什麼意思？」

公子成父說：

「我聽說：天子的寶物藏於四海之內，諸侯藏於國境之內，大夫藏在他家裏，士庶人藏在櫃ㄍㄨㄟˋ子裏；如果藏的地方不得當，一定有天災，一定有人禍。如今幸而無人禍，只是一場天災罷了，不是該慶賀嗎？」

文侯長嘆一聲說：

「說得眞好！」

躬親去奢

齊桓公跟管仲說：

「我們的國家幅員小，物資缺乏，而羣臣衣服車馬偏又那樣奢侈；我想下令禁止，你看怎樣？」

管仲說：

「我聽說：國君嚐一下味道，臣子們跟着便整碗吃下；國君稍微表示喜歡，大臣們便一窩蜂流行。現在君上吃的是桂花調製的漿液，穿的是純紫的大衣、狐狸皮的白裘ㄑㄧㄡˊ；這就是羣臣奢侈的原因。詩上說：『不親身去踐履，百姓不會相信。』君上想要禁止奢侈的惡習，何不由自己先做起呢？」

「很有道理。」桓公說。

於是桓公重新縫製純白的衣服和大白的帽子穿戴。這樣上朝一年後，齊國臣民也都儉樸了。

以德華國

季文子爲魯國的宰相，侍妾不穿絹帛，馬不餵粟稻。仲孫它勸他說：

「先生當魯國的上卿，侍妾不穿絹帛，馬不餵粟稻，人家都認爲先生是吝嗇，而且對國家來說也不夠光彩。」

文子說：

「是這樣嗎？我看到國人的父母親穿的是粗布衣，吃的是蔬菜，我怎麼忍心呢？況且我聽說君子憑着美德替國家增光彩，沒聽說憑着侍妾馬匹的。所謂德，是我自身有所得，又能使別人也有所得，所以到處行得通。如果迷戀於奢侈，沈溺於華靡，而不能自拔，又如何能治國呢？」

仲孫它自討沒趣，慚愧地告辭走了。

未卜其夜

晏子請景公飲酒，喝到天黑時，景公叫人準備火燭，晏子推辭說：

「詩上說：『帽子傾側，歪歪斜斜。』這是說酒醉失去了品德；『一再舞蹈，自制不了。』這是說酒醉失去了儀態。『已經喝醉了酒，又承受了美德』；『已經喝醉了就要趁早告退，主人和賓客都能享受到福祉。』這是說賓主之間的禮。『醉得扶都扶不回去，那是戕害德行的事。』這是賓主之間的過失。我請君上喝酒，已經占卜在白天的，沒有能力也占卜晚上的。」

「好吧！」景公說。

景公端起酒來祭地，再拜而出，說道：

「晏子難道是責備我嗎？我要把齊國託付給他。他借着家貧爲由，這樣委婉地勸寡人，不要我太過奢侈，何況是爲寡人治國呢？」

裸葬矯俗

楊王孫病得快要死了，交代他的兒子說：

「我死後要裸體埋葬，以便回復我的本眞；千萬不要改變我的意思。」

祁侯聽到這話，便去勸他說：

「我聽說你交代埋葬時一定要裸體入地；果眞如此的話，我認爲不妥當。如果死人沒有知覺就算了，要是死後有知覺，這樣做的話，屍體會在地下蒙羞的。你將怎麼去會見祖先呢？我認爲這樣做不妥當。」

王孫說：

「我祇是要藉此來矯正世俗罷了。鋪張的埋葬實在無益於死者，而世人卻以此互相誇耀，浪費財物，耗盡金錢，讓它在地下腐爛掉。其實有時今天下葬，明天就被偸挖出來，這跟暴屍荒野又有什麼差別呢？況且死不過是一生終了的物化，是萬物的歸宿；歸宿的有了處所，物化的起了轉變，這樣萬物就各囘歸其本眞。這種本眞幽昧晦暗，看不到形體，聽不到聲音，這才合乎天道的情狀。那些把外表裝飾得富麗堂皇來向人誇耀，用鋪張的葬禮來矯枉本眞，使歸宿的得不到處所，物化的不能轉變，這樣萬物就各失其本然了。而且我聽說：精神是上天的賦予，形骸是大地的賦予，精神和形骸相離而各歸其本眞，所以叫做鬼，鬼的意思就是歸啊！尸體孤零零地躺在那兒，那裏會有知覺呢？拿很多的幣帛包裹它，拿很多的財寶送給它，明明是剝奪了活人的財用啊！古代的聖人順應人們不忍心親人死別的情感，所以制訂了喪禮來疏導情感。如今人們大都超越了這個禮法，我才決定用裸葬來矯正它。以前帝堯的葬禮，也不過是挖空木頭當棺櫝ㄉㄨˊ，用葛藟綑紮而已；挖的墓穴，深不及水源，只求不使臭味上泄罷了。對於沒有用的絕不增加，沒有益處的絕不浪費，所以聖人在世時容易受人崇拜，死後也容易埋葬。而今浪費財物而厚葬，死人根本不知道，活人因而不得用，眞是荒謬的舉動，可說是糊塗到極點了。」

祁侯說：

「好！有道理。」

楊王孫死後，果然是赤身裸體下葬的，頗轟動一時。

食美思親

魯國有個很節儉的人，拿瓦鍋煮東西，吃得津津有味，自覺很甘美，便盛在土製的湯碗裏端給孔子。孔子收下後，高興得簡直像得到了牛羊豬三牲俱全的饋贈。學生們說：

「瓦製的瀏嘴碗，是最粗劣的器皿；煮爛的東西，也不是好吃的食物。老師怎麼這樣高興呢？」

孔子說：

「我聽說喜歡勸誡人的常想到自己的國君，吃到好食物的常思念到自己的親人。我並不是認爲食物很甘美，而是爲了他吃到好東西就想起我的那一番心意而高興。」

士不可窮

晏子病得快死的時候，叫人把一根屋柱鋸ㄐㄩˋ斷，將遺囑藏在裏頭，並告訴妻子說：

「記得告訴我們的兒子，等他到了三十歲壯年的時候，打開這根柱子來看看。」

他的兒子到了三十歲的時候，拿出了屋柱中的遺囑，只見遺囑上這樣寫着：

「布帛不能讓它破了，一破就不能繪上文采；牛馬不能讓牠瘦了，一瘦就載不動重物；讀書人志氣不能沮喪，志氣一旦沮喪就不能擔當重任。窮嗎？窮嗎？老是叨ㄉㄠ嘮ㄌㄠ着窮才是眞窮呀！」

附錄 原典精選

君道第一

都想要魚

晏子沒十有七年，景公飲諸大夫酒。公射出質，堂上唱善，若出一口。公作色太息，播弓矢。弦章入，公曰：「章，自吾失晏子，於今十有七年，未嘗聞吾過不善。今射出質而唱善者，若出一口。」弦章對曰：「此諸臣之不肖也，知不足知君之善，勇不足以犯君之顏色。然而有一焉，臣聞之：君好之，則臣服之；君嗜之，則臣食之。夫尺蠖食黃，則其身黃，食蒼則其身蒼；君其猶有陷人言乎？」公曰：「善。今日之言，章爲君，我爲臣。」是時海人入魚，公以五十乘賜弦章歸，魚乘塞塗。撫其御之手，曰：「曩之唱善者，皆欲若魚者也。昔者晏子辭賞以正君，故過失不掩；今諸臣諂諛以干利，故出質而唱善如出一口。今所輔於君，未見衆而受若魚，是反晏子之義而順諂諛之欲也。」固辭魚不受。君子曰：弦章之廉，乃晏子之遺訓也。夫天之生人也，蓋非以爲君也；天之立君也，蓋非以爲位也。夫爲人君行其私欲而不顧其人，是不承天意忘其位之所以宜事也，如此者，春秋不予能君而夷狄之。鄭伯惡一人而兼棄其師，故有夷狄不君之辭。人主不以此自省，惟既以失實，心悉因知之，故曰：「有國者不可以不學春秋。」此之謂也。

臣術第二

選任宰相

魏文侯且置相，召李克而問焉，曰：「寡人將置相，置於季成子與翟觸，我孰置而可？」李克曰：「臣聞之，賤不謀貴，外不謀內，疏不謀親，臣者疏賤，不敢聞命。」文侯曰：「此國事也，願與先生臨事而勿辭。」李克曰：「君不察故也，可知矣。貴視其所舉，富視其所與，貧視其所不取，窮視其所不爲。由此觀之，可知矣。」文侯曰：「先生出矣，寡人之相定矣。」李克出，過翟黃，翟黃問曰：「吾聞君問相於先生，未知果孰爲相？」李克曰：「季成子爲相。」翟黃作色不說曰：「觸失望於先生。」李克曰：「子何遽失望於我？我於子之君也，豈與我比周而求大官哉？君問相於我，臣對曰：『君不察故也。貴視其所舉，富視其所與，貧視其所不取，窮視其所不爲，由此觀之可知也。』君曰：『出矣，寡人之相定矣。』以是知季臣子爲相。」翟黄不說曰：「觸何遽不爲相乎？西河之守，觸所任也；計事內史，觸所任也；王欲攻中山，吾進樂羊；無使治之臣，吾進先生；無使傅其子，吾進屈侯附。觸何負於季成子？」李克曰：「不如季成子。季成子食采千鍾，什九居外一居中，是以東得卜子夏、田子方、段干木。彼其所舉人主之師也，子之所舉，人臣之才也。」翟黄迮然而慚曰：「觸失對於先生，請自修，然後學。」言未卒，而左右言季成子立爲相矣。於是翟黄默然變色內慚，不敢出，三月也。

社稷之臣

晏子侍於景公，朝寒請進熱食，對曰：「嬰非君之厨養臣也，敢辭。」公曰：「請進服裘。」對曰：「嬰非田澤之臣也，敢辭。」公曰：「然，夫子於寡人奚爲者也？」對曰：「社稷之臣也。」公曰：「何謂社稷之臣？」對曰：「社稷之臣，能立社稷，辨上下之宜，使得其理；制百官之序，使得其宜；作爲辭令，可分布於四方。」自是之後，君不以禮不見晏子也。

建本第三

挨打陷父

曾子芸瓜而誤斬其根，曾晳怒，援大杖擊之。曾子仆地，有頃蘇，蹶然而起，進曰：「曩者參得罪於大人，大人用力教參，得無疾乎？」退屏鼓琴而歌，欲令曾晳聽其歌聲，令知其平也。孔子聞之，告門人曰：「參來勿內也！」曾子自以無罪，使人謝孔子，孔子曰：「汝聞瞽叟有子名曰舜，舜之事父也，索而使之，未嘗不在側；求而殺之，未嘗可得。小箠則待，大箠則走，以逃暴怒也。今子委身以待暴怒，立體而不去，殺身以陷父，不義不孝，孰是大乎？汝非天子之民邪？殺天子之民，罪奚如？」以曾子之材，又居孔子之門，有罪不自知處義，難乎！

炳燭之明

晉平公問於師曠曰：「吾年七十，欲學，恐已暮矣。」師曠曰：「何不炳燭乎？」

平公曰：「安有爲人臣而戲其君乎？」師曠曰：「盲臣安敢戲其君乎？臣聞之，少而好學，如日出之陽；壯而好學，如日中之光；老而好學，如炳燭之明。炳燭之明，孰與昧行乎？」平公曰：「善哉！」

立節第四

行難兩全

楚有士申鳴者，在家而養其父，孝聞於楚國。王欲授之相，申鳴辭不受。其父曰：「王欲相汝，汝何不受乎？」申鳴對曰：「舍父之孝子而爲王之忠臣，何也？」其父曰：「使有祿於國，立義於庭，汝樂吾無憂矣。吾欲汝之相也。」申鳴曰：「諾。」遂入朝，楚王因授之相。居三年，白公爲亂，殺司馬子期。申鳴將往死之，父止之曰：「棄父而死，其可乎？」申鳴曰：「聞夫仕者身歸於君而祿歸於親，今既去子事君，得無死其難乎？」遂辭而往，因以兵圍之，白公謂石乞曰：「申鳴者，天下之勇士也，今以兵圍我，吾爲之奈何？」石乞曰：「申鳴者，天下之孝子也。往刼其父以兵，申鳴聞之必來，因與之語。」白公曰：「善。」則往取其父，持之以兵，告申鳴曰：「子與吾，吾與子分楚國；子不與吾，子父則死矣。」申鳴流涕而應之曰：「始吾父之孝子也，今吾君之忠臣也；吾聞之也，食其食者死其事，受其祿者畢其能；今吾已不得爲父之孝子矣，乃君之忠臣也，吾何得以全身！」援桴鼓之，遂殺白公，其父亦死。王賞之金百斤，申鳴曰：「食君之食，避君之難，非忠臣也；定君之國，殺臣之父，非孝子也。名不可兩立，行不可兩全也，如是而生，何面目立於天下。」遂自殺也。

貴德第五

不腐餘財

孔子之楚，有漁者獻魚甚強，孔子不受，獻魚者曰：「天暑遠市賣之不售，思欲棄之，不若獻之君子。」孔子再拜受，使弟子掃除將祭之。弟子曰：「夫人將棄之，今吾子將祭之，何也？」孔子曰：「吾聞之，務施而不腐餘財者，聖人也，今受聖人之賜，可無祭乎？」

何必持劍

子路持劍，孔子問曰：「由，安用此乎？」子路曰：「善，古者固以善之；不善，古者固以自衞。」孔子曰：「君子以忠爲質，以仁爲衞，不出環堵之內，而聞千里之外；不善以忠化寇，暴以仁圍，何必持劍乎？」子路曰：「由也請攝齊以事先生矣。」

復恩第六

食馬賜酒

秦繆公嘗出而亡其駿馬，自往求之，見人已殺其馬，方共食其肉，繆公謂曰：「是吾駿馬也。」諸人皆懼而起。繆公曰：「吾聞食駿馬肉不飲酒者，殺人。」即以次飲之酒，殺馬者皆慚而去。居三年，晉攻秦繆公，圍之。往時食馬肉者相謂曰：「可以出死報食馬得酒之恩矣。」遂潰圍。繆公卒得以解難，勝晉，獲惠公以歸。此德出而福反也。

美人絕纓

楚莊王賜羣臣酒。日暮酒酣，燈燭滅，乃有人引美人之衣者，美人援絕其冠纓，告王曰：「今者燭滅，有引妾衣者，妾援得其冠纓持之。趣火來上，視絕纓者。」王曰：「賜人酒，使醉失禮，奈何欲顯婦人之節而辱士乎？」乃命左右曰：「今日與寡人飲，不絕冠纓者不懽。」羣臣百有餘人，皆絕去其冠纓。而上火，卒盡懽而罷。居三年，晉與楚戰，有一臣常在前，五合五獲，首却敵，卒得勝之。莊王怪而問曰：「寡人德薄，又未嘗異子，子何故出死不疑如是？」對曰：「臣當死，往者醉失禮，王隱忍不暴而誅也；臣終不敢以蔭蔽之德而不顯報王也，常願肝腦塗地，用頸血湔敵久矣。臣乃夜絕纓者也。」遂斥晉軍，楚得以強。此有陰德者必有陽報也。

政理第七

愚公之谷

齊桓公出獵，逐鹿而走入山谷之中，見一老公而問之曰：「是爲何谷？」對曰：「爲愚公之谷。」桓公曰：「何故？」對曰：「以臣名之。」桓公曰：「今視公之儀狀，非愚人也，何爲以公名？」對曰：「臣請陳之，臣故畜牸牛生子而大，賣之而買駒，少年曰：『牛不能生馬。』遂持駒去。傍隣聞之。以臣爲愚，故名此谷爲愚公之谷。」桓公曰：「公誠愚矣，夫何爲而與之？」桓公遂歸。明日朝，以告管仲。管仲正衿再拜曰：「此夷吾之愚也。使堯在上，咎繇爲理，安有取人之駒者乎？若有見暴如是叟者，又必不與也。公知獄訟之不正，故與之耳。請退而修政。」孔子曰：「弟子記之，桓公，霸君也；管仲，賢佐也；猶有以智爲愚者也，況不及桓公管仲者也。」

裂衣斷帶

景公好婦人而丈夫飾者，國人盡服之。公使吏禁之曰：「女子而男子飾者，裂其衣，斷其帶。」裂衣斷帶相望而不止。晏子見，公曰：「寡人使吏禁女子而男子飾者，裂其衣，斷其帶，相望而不止者，何也？」對曰：「君使服之於內而禁之於外，猶懸牛首於門而求買馬肉也。公胡不使內勿服，則外莫敢為也。」公曰：「善！」使內勿服，不旋月而國莫之服也。

尊賢第八

九九之術

齊桓公設庭燎，為士之欲造見者。朞年而士不至。於是東野鄙人有以九九之術見者，桓公曰：「九九何足以見乎？」鄙人對曰：「臣非以九九為足以見也。臣聞主君設庭燎以待士，朞年而士不至。夫士之所以不至者，君、天下賢君也；四方之士，皆自以論而不及君，故不至也。夫九九薄能耳，而君猶禮之，況賢於九九乎？夫太山不辭壤石，江海不逆小流，所以成大也。詩云：『先民有言，詢于蒭蕘。』言博謀也。」桓公曰：「善。」乃因禮之。朞月，四方之士相携而並至。詩曰：「自堂徂基，自羊徂牛。」言以內及外，以小及大也。

大夫拉車

晉文侯行地登隧，大夫皆扶之，隨會不扶。文侯曰：「會！夫爲人臣而忍其君者，其罪奚如？」對曰：「其罪重死。」文侯曰：「何謂重死？」對曰：「身死，妻子爲戮焉。」隨會曰：「君奚獨問爲人臣忍其君者，而不問爲人君而忍其臣者邪？」文侯曰：「爲人君而忍其臣者，其罪何如？」隨會對曰：「爲人君而忍其臣者，智士不爲謀，辨士不爲言，仁士不爲行，勇士不爲死。」文侯援綏下車，辭諸大夫曰：「寡人有腰髀之病，願諸大夫勿罪也。」

正諫第九

螳螂捕蟬

吳王欲伐荊，告其左右曰：「敢有諫者死。」舍人有少孺子者，欲諫不敢，則懷丸操彈於後園，露沾其衣，如是者三旦。吳王曰：「子來！何苦沾衣如此？」對曰：「園中有樹，其上有蟬，蟬高居悲鳴飲露，不知螳螂在其後也！螳螂委身曲附欲取蟬，而不知黃雀在其傍也！黃雀延頸欲啄螳螂，而不知彈丸在其下也！此三者皆務欲得其前利而不顧其後之有患也。」吳王曰：「善哉！」乃罷其兵。

爲君數罪

景公有馬，其圉人殺之。公怒，援戈將自擊之。晏子曰：「此不知其罪而死。臣請爲君數之，令知其罪而殺之。」公曰：「諾。」晏子舉戈而臨之曰：「汝爲吾君養馬而殺之，而罪當死；汝使吾君以馬之故殺圉人，而罪又當死；汝使吾君以馬故殺人，聞於四鄰諸侯，汝罪又當死。」公曰：「夫子釋之！夫子釋之！勿傷吾仁也。」

爾非吾君

景公正晝被髮乘六馬，御婦人以出正閨，刖跪擊其馬而反之，曰：「爾非吾君也。」公慙而不朝。晏子睹裔敖而問曰：「君何故不朝？」對曰：「昔者君正晝被髮乘六馬，御婦人出正閨，刖跪擊其馬而反之曰：『爾非吾君也。』」公慙而反，不果出，是以不朝。」晏子入見，公曰：「昔者寡人有罪，被髮乘六馬以出正閨，刖跪擊其馬而反之，曰：『爾非吾君也。』寡人以天子大夫之賜，得率百姓以守宗廟，今見戮於刖跪以辱社稷，吾猶可以齊於諸侯乎？」晏子對曰：「君無惡焉。臣聞之：下無直辭，上無隱君；民多諱言，君有驕行。古者明君在上，下有直辭；君上好善，民無諱言。今君有失行，而刖跪有直辭，是君之福也，故臣來慶。請賞之，以明君之好善；禮之，以明君之受諫！」公笑曰：「可乎？」晏子曰：「可。」於是令刖跪倍資無正，時朝無事。

敬愼第十

不爲子起

田子方侍魏文侯坐，太子擊趨而入見，賓客羣臣皆起，田子方獨不起，文侯有不說之色，太子亦然。田子方稱曰：「爲子起歟？無如禮何！不爲子起歟？無如罪何！請爲子誦：楚恭王之爲太子也，將出之雲夢，遇大夫工尹，工尹遂趨避家人之門中，太子下車從之家人之門中曰：『子大夫何爲其若是？吾聞之，敬其父者，不兼其子；兼其子者，不祥莫大焉。子大夫何爲其若是？』工尹曰：『向吾望見子之面，今而後記子之心。審如此，汝將何之？』」文侯曰：「善。」太子擊前誦恭王之言，誦三遍而請習之。

甚忘忘身

魯哀公問孔子曰：「予聞忘之甚者，徙而忘其妻。有諸乎？」孔子對曰：「此非忘之甚者也；忘之甚者忘其身。」哀公曰：「可得聞與？」對曰：「昔夏桀貴爲天子，富有天下，不修禹之道，毀壞辟法，裂絕世祀，荒淫于樂，沉酗于酒，其臣有左師觸龍者，諂諛不止；湯誅桀，左師觸龍者身死，四支不同壇而居。此忘其身者也。」哀公愀然變色曰：「善。」

善說第十一

獨不拜賜

齊宣王出獵於社山，社山父老十三人相與勞王。王曰：「父老苦矣！」謂左右賜父老田不租；父老皆拜，閭丘先生不拜。王曰：「父老以爲少耶？」謂左右復賜父老無徭役；父老皆拜，閭丘先生又不拜。王曰：「拜者去，不拜者前。」曰：「寡人今日來，觀父老幸而勞之，故賜父老田不租；父老皆拜，先生獨不拜，寡人自以爲少，故賜父老無徭役；父老皆拜，先生又獨不拜，寡人得無有過乎？」閭丘先生對曰：「惟聞大王來遊，所以爲勞大王，望得壽於大王，望得富於大王，望得貴於大王。」王曰：「天殺生有時，非寡人所得與也，無以壽先生；倉廩雖實，以備災害，無以富先生；大官無缺，小官卑賤，無以貴先生。」閭丘先生對曰：「此非人臣所敢望也。願大王選良富家子有修行者以爲吏，平其法度，如此臣少可以得壽焉；春秋冬夏，振之以時，無煩擾百姓，如是臣可少得以富焉；願大王出令，令少者敬長，長者敬老，如是臣可少得以貴焉。今大王幸賜臣田不租，然則倉廩將虛也。賜臣無徭役，然則官府無使焉。此固非人臣之所敢望也。」齊王曰：「善！願請先生爲相。」

鼎非周鼎

孝武皇帝時，汾陰得寶鼎而獻之於甘泉宮。羣臣賀，上壽曰：「陛下得周鼎。」侍中虞丘壽王獨曰：「非周鼎。」上聞之，召而問曰：「朕得周鼎，羣臣皆以爲周鼎，而壽王獨以爲非，何也？壽王有說則生，無說則死。」對曰：「臣壽王安敢無說？臣聞夫周德始產于后稷，長於公劉，大於大王，成於文武，顯於周公，德澤上洞天，下漏泉，無所不通，上天報應，鼎爲周出，故名曰周鼎。今漢自高祖繼周，亦昭德顯行，布恩施惠，六合和同，至陛下之身逾盛，天瑞並至，徵祥畢見。昔始皇帝親出鼎於彭城而不能得。天昭有德，寶鼎自至，此天之所以予漢，乃漢鼎，非周鼎也。」上曰：「善。」羣臣皆稱萬歲。是日，賜虞丘壽王黃金十斤。

奉使第十二

橘化爲枳

晏子將使荆，荆王聞之，謂左右曰：「晏子賢人也，今方來，欲辱之，何以也？」左右對曰：「爲其來也，臣請縛一人過王而行。」於是荆王與晏子立語。有縛一人，過王而行。王曰：「何爲者也？」對曰：「齊人也。」王曰：「何坐？」曰：「坐盜。」王曰：「齊人固盜乎？」晏子反顧之曰：「江南有橘，齊王使人取之而樹之於江北，生不爲橘，乃爲枳。所以然者何？其土地使之然也。今齊人居齊不盜，來之荆而盜，得無土地使之然乎？」荆王曰：「吾欲傷子而反自中也。」

獻鵠空籠

魏文侯使舍人毋擇獻鵠於齊侯。毋擇行道失之，徒獻空籠，見齊侯曰：「寡君使臣毋擇獻鵠，道飢渴，臣出而飲食之，而鵠飛冲天，遂不復反。念思非無錢以買鵠也，惡有爲其君使，輕易其幣者乎？念思非不能拔劍刎頭，腐肉暴骨於中野也，爲吾君貴鵠而賤士也。念思非不敢走陳、蔡之間也，惡絕兩君之使。故不敢愛身逃死，來獻空籠，唯主君斧質之誅。」齊侯大悅曰：「寡人今者得茲言，三賢於鵠遠矣。寡人有都郊地百里，願獻子大夫以爲湯沐邑。」毋擇對曰：「惡有爲其君使而輕易其弊，而利諸侯之地乎？」遂出不反。

權謀第十三

獨見精當

武王伐紂，過隧斬岸，過水折舟，過谷發梁，過山焚萊，示民無返志也。至於有戎之隧，大風折旆。散宜生諫曰：「此其妖歟？」武王曰：「非也，天落兵也。」風霽而乘以大雨，水平地而嗇。散宜生又諫曰：「此其妖歟？」武王曰：「非也，天灑兵也。」卜而龜熸。散宜生又諫曰：「此其妖歟？」武王曰：「不利以禱祠，利以擊衆，是熠之已。」故武王順天地、犯三妖而禽紂於牧野，其所獨見者精也。

難得易失

鄭桓公東會封於鄭，暮舍於宋東之逆旅。逆旅之叟從外來，曰：「客將焉之？」曰：「會封於鄭。」逆旅之叟曰：「吾聞之：時難得而易失也。今客之寢安，殆非封也。」鄭桓公聞之，援轡自駕，其僕接淅而載之。行十日夜而至，釐何與之爭封。故以鄭桓公之賢，微逆旅之叟，幾不會封也。

至公第十四

妄想禪讓

秦始皇帝既吞天下，乃召羣臣而議曰：「古者五帝禪賢，三王世繼；孰是，將爲之。」博士七十人未對。鮑白令之對曰：「天下官，則讓賢是也；天下家，則世繼是也。故五帝以天下爲官，三王以天下爲家。」秦始皇帝仰天而歎曰：「吾德出于五帝，吾將官天下。誰可使代我後者？」鮑白令之對曰：「陛下行桀紂之道，欲爲五帝之禪，非陛下所能行也。」秦始皇帝大怒曰：「令之前！若何以言我行桀紂之道也？趣說之，不解則死。」令之對曰：「臣請說之。陛下築臺干雲，宮殿五里，建千石之鐘，萬石之簴，婦女連百，倡優累千，興作驪山宮室至雍，相繼不絕；所以自奉者，殫天下，竭民力，偏駮自私，不能以及人。陛下所謂自營僅存之主也，何暇比德五帝，欲官天下哉？」始皇闇然無以應之，面有慙色；久之，曰：「令之之言，乃令衆醜我。」遂罷謀，無禪意也。

楚弓楚得

楚共王出獵而遺其弓，左右請求之，共王曰：「止，楚人遺弓，楚人得之，又何求焉？」仲尼聞之，曰：「惜乎其不大，亦曰：『人遺弓，人得之而已，何必楚也！』」仲尼所謂大公也。

法官逃難

子羔爲衞政，刖人之足。衞之君臣亂，子羔走郭門，郭門閉，刖者守門，曰：

「於彼有缺。」子羔曰：「君子不踰。」曰：「於彼有竇。」子羔曰：「君子不遂。」曰：「於此有室。」子羔入，追者罷。子羔將去，謂刖者曰：「吾不能虧損主之法令而親刖子之足，吾在難中，此乃子之報怨時也，何故逃我？」刖者曰：「斷足固我罪也，無可奈何。君之治臣也，傾側法令，先後臣以法，欲臣之免於法也，臣知之。獄決罪定，臨當論刑，君愀然不樂，見於顏色，臣又知之。君豈私臣哉？天生仁人之心，其固然也。此臣之所以脫君也。」孔子聞之，曰：「善爲吏者樹德，不善爲吏者樹怨，公行之也，其子羔之謂歟！」

指武第十五

列陣待襲

楚莊王伐陳，吳救之，雨十日十夜晴。左史倚相曰：「吳必夜至，甲列壘壞，彼必薄我，何不行列鼓出待之。」吳師至楚，見成陳而還。左史倚相曰：「追之。」吳行六十里而無功，王罷卒寢。果擊之，大敗吳師。

傾覆則誅

孔子爲魯司寇，七日而誅少正卯於東觀之下。門人聞之，趨而進，至者不言，其意皆一也。子貢後至，趨而進曰：「夫少正卯者，魯國之聞人矣，夫子始爲政，何以先誅之？」孔子曰：「賜也，非爾所及也。夫王者之誅有五，而盜竊不與焉。一曰心辨而險；二曰言僞而辯；三曰行辟而堅；四曰志愚而博；五曰順非而澤。此五者皆有辨知聰達之名，而非其眞也。苟行以僞，則其知足以移衆，強足以獨立，此姦人之雄也，不可不誅。夫有五者之一，則不免於誅。今少正卯兼之，是以先誅之也。昔者湯誅蠋沐，太公誅潘阯，管仲誅史附里，子產誅鄧析，此五子未有不誅也。所謂誅之者，非爲其晝則攻盜，暮則穿窬也，皆傾覆之徒也。此固君子之所疑，愚者之所惑也。詩云：『憂心悄悄，慍于羣小。』此之謂矣。」

談叢第十六

遷居更鳴

梟逢鳩。鳩曰：「子將安之？」梟曰：「我將東徙。」鳩曰：「何故？」梟曰：「鄉人皆惡我鳴，以故東徙。」鳩曰：「子能更鳴可矣；不能更鳴，東徙猶惡子之聲。」

雜言第十七

君子道狹

子石登吳山而四望，喟然而歎息曰：「嗚呼悲哉！世有明於事情，不合於人心者；有合於人心，不明於事情者。」弟子問曰：「何謂也？」子石曰：「昔者吳王夫差不聽伍子胥盡忠極諫，抉目而辜；太宰嚭、公孫雒偷合苟容，以順夫差之志而伐吳，二子沉身江湖，頭懸越旗。昔者費仲、惡來革、長鼻決耳、崇侯虎順紂之心，欲以合於意，武王伐紂，四子身死牧之野，頭足異所；比干盡忠剖心而死。今欲明事情，恐有抉目剖心之禍；欲合人心，恐有頭足異所之患。由是觀之，君子道狹耳。誠不逢其明主，狹道之中，又將險危閉塞，無可從出者。」

適子所能

梁相死，惠子欲之梁，渡河而遽，墮水中，船人救之。船人曰：「子欲何之而遽也？」曰：「梁無相，吾欲往相之。」船人曰：「子居船檝之間而困，無我則子死矣，子何能相梁乎？」惠子曰：「子居艘楫之間，則吾不如子；至於安國家，全社稷，子之比我，蒙蒙如未視之狗耳。」

以歌止戈

孔子之宋，匡簡子將殺陽虎，孔子似之，甲士以圍孔子之舍。子路怒，奮戟將下鬪。孔子止之，曰：「何仁義之不免俗也？夫詩、書之不習，禮、樂之不脩也。是丘之過也。若似陽虎，則非丘之罪也，命也夫。由，歌，予和汝。」子路歌，孔子和之，三終而甲罷。

辨物第十八

石頭講話

晉平公築虒祁之室，石有言者。平公問於師曠曰：「石何故言？」對曰：「石不能言，有神馮焉；不然，民聽之濫也。臣聞之：作事不時，怨讟ㄉㄨˊ動于民，則有非言之物而言。今宮室崇侈，民力屈盡，百姓疾怨，莫安其性，石言不亦可乎？」

興妖自賊

晉平公出畋，見乳虎伏而不動，顧謂師曠曰：「吾聞之也，霸王之主出，則猛獸伏不敢起。今者寡人出，見乳虎伏而不動，此其猛獸乎？」師曠曰：「鵲食猬，猬食鵕ㄒㄩㄣ鸃ㄧˊ，鵕鸃食豹，豹食駮，駮食虎；夫駮之狀有似駮馬，今者君之出，必驂駮馬而出畋乎？」公曰：「然。」師曠曰：「臣聞之：一自誣者窮，再自誣者辱，三自誣者死。今夫虎所以不動者，爲駮馬也，固非主君之德義也，君奈何一自誣乎？」平公異日出朝，有鳥環平公不去，平公顧謂師曠曰：「吾聞之也，霸王之主，鳳下之。今者出朝，有鳥環寡人，終朝不去，是其鳳鳥乎？」師曠曰：「東方有鳥名諫珂，其爲鳥也，文身而朱足，憎鳥而愛狐。今者吾君必衣狐裘以出朝乎？」平公曰：「然。」師曠曰：「臣已嘗言之矣，一自誣者窮，再自誣者辱，三自誣者死。今鳥爲狐裘之故，非吾君之德義也，君奈何而再自誣乎？」平公不說。異日置酒虒祁之臺，使郎中馬章布蒺藜於階上，令人召師曠。師曠至，履而上堂。平公曰：「安有人臣履而上人主堂者乎？」師曠解履刺足，伏刺膝，仰天而歎。公起引之曰：「今者與叟戲，叟遽憂乎？」對曰：「憂夫肉自生蟲，而還自食也；木自生蠹，而還自刻也；人自興妖，而還自賊也。五鼎之具不當生藜藿，人主堂廟不當生蒺藜。」平公曰：「今爲之奈何？」師曠曰：「妖已在前，無可奈何。入來月八日，脩百官，立太子，君將死矣。」至來月八日平旦，謂師曠曰：「叟以今日爲期，寡人如何？」師曠不樂謁歸，歸未幾而平公死。乃知師曠神明矣。

脩文第十九

三年之喪

子生三年，然後免於父母之懷，故制喪三年，所以報父母之恩也。期年之喪通乎諸侯，三年之喪通乎天子，禮之經也。子夏三年之喪畢，見於孔子，孔子與之琴，使之絃，援琴而絃，衎衎ㄎㄢ而樂作，而曰：「先王制禮，不敢不及也。」孔子曰：「君子也。」閔子騫三年之喪畢，見於孔子，孔子與之琴，使之絃，援琴而絃，切切而悲作，而曰：「先王制禮，不敢過也。」孔子曰：「君子也。」子貢問曰：「閔子哀不盡，子曰君子也；子夏哀已盡，子曰君子也。賜也惑，敢問何謂？」孔子曰：「閔子哀未盡，能斷之以禮，故曰君子也；子夏哀已盡，能引而致之，故曰君子也。夫三年之喪，固優者之所屈，劣者之所勉。」

爲親事君

齊宣王謂田過曰：「吾聞儒者喪親三年，喪君三年；君與父孰重？」田過對曰：「殆不如父重。」王忿然怒曰：「然則何爲去親而事君？」田過對曰：「非君之土地無以處吾親，非君之祿無以養吾親，非君之爵位無以尊顯吾親；受之君，致之親，凡事君所以爲親也。」宣王邑邑無以應。

反質第二十

不欲爲機

衞有五丈夫，俱負缶而入井灌韭，終日一區。鄧析過，下車爲敎之曰：「爲機，重其後，輕其前，命曰橋。終日灌韭，百區不倦。」五丈夫曰：「吾師言曰：有機知之巧，必有機知之敗。我非不知也，不欲爲也。子其往矣，我一心溉之，不知改已！」鄧析去，行數十里，顏色不悅懌，自病。弟子曰：「是何人也，而恨我君？請爲君殺之。」鄧析曰：「釋之，是所謂眞人者也，可令守國。」

國之大寶

經侯往適魏太子，左帶羽玉具劍，右帶環佩，左光照右，右光照左。坐有頃，太子不視也，又不問也。經侯曰：「魏國亦有寶乎？」太子曰：「有。」經侯曰：「其寶何如？」太子曰：「主信臣忠，百姓上戴；此魏之寶也。」經侯曰：「吾所問者，非是之謂也，乃問其器而已。」太子曰：「有。徒師沼治魏而市無豫賈，郄辛治陽而道不拾遺，芒卯在朝而四鄰賢士無不相因而見；此三大夫乃魏國之大寶。」於是經侯默然不應，左解玉具，右解環佩，委之坐，惓ㄑㄧㄢ然而起，默然不謝，趨而出，上車驅去。魏太子使騎操劍佩逐與經侯，使告經侯曰：「吾無德所寶，不能爲珠玉所守。此寒不可衣，飢不可食，無爲遺我賊。」於是經侯杜門不出，傳死。

士不可窮

晏子病將死，斷楹內書焉，謂其妻曰：「楹也，語子壯而視之。」及壯發書，書之言曰：「布帛不窮，窮不可飾；牛馬不窮，窮不可服；士不可窮，窮不可任。窮乎？窮乎？窮也！」

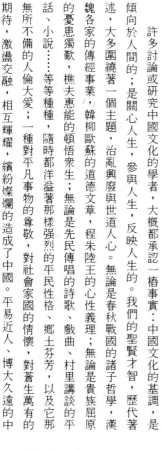

『中國歷代經典寶庫』《青少年版》出版的話

一個中國古典知識大衆化的構想

◉高上秦

許多討論或研究中國文化的學者，大概都承認一樁事實：中國文化的基調，是傾向於人間的；是關心人生，參與人生，反映人生的。我們的聖賢才智，歷代著述，大多圍繞著一個主題，治亂興廢與世道人心。無論是春秋戰國的諸子哲學，漢魏各家的傳經事業，韓柳歐蘇的道德文章，程朱陸王的心性義理；無論是貴族屈原的憂患獨歎，樵夫惠能的頓悟衆生；無論是先民傳唱的詩歌、戲曲、村里講談的平話、小說……等等種種，隨時都洋溢著那樣强烈的平民性格、鄉土芬芳，以及它那無所不備的人倫大愛；一種對平凡事物的尊敬，對社會家國的情懷，對蒼生萬有的期待，激盪交融，相互輝耀，繽紛燦爛的造成了中國。平易近人、博大久遠的中國。

可是，生爲這一個文化傳承者的現代中國人，對於這樣一個親民愛人、胸懷天下的文明，這樣一個塑造了我們、呵護了我們幾千年的文化母體，可有多少認識？多少理解？又有多少接觸的機會，把握的可能呢？

一般社會大衆暫且不提，就是我們的莘莘學子、讀書人，受了十幾年的現代教育以後，究竟讀過幾部歷代的經典古籍？瞭解幾許先人的經驗智慧？當年林語堂先生就曾感嘆過，現在的大學畢業生，連「中國幾種重要叢書都未曾見過」，遑論其他？

特別是近年以來，升學主義的壓力，耗損了廣大學子的精神、體力；美西文明的風行，導引了智識之士的思慮、習尚；電視、電影和一般大衆媒體的普遍流通，更造成了一個官能文化當道，社會價値浮動的生活形態。美國學者雷文孫所說的當代世界是一個「沒有圍牆的博物館」，固然鮮明了這一現象，但眞正的問題，却在於我們的根性尚未紮穩，就已目迷五色的跌入了傳播學者所批評的「優勢文化」的輻射圈內，失去了自我的特質與創造的能力。

何況，近代的中國還面對了內外雙重的文化焦慮。自內在而言，白話文學運動固然開發了俚語俗言的活力，提升了大衆文學的地位，覺悟到社會羣體的知識參與力，却相對的減損了我們對中國古典知識的傳承力；以往屬於孩童啓蒙的「小學」教育，屬於讀書人必備的「經學」常識，都在新式教育的推動下，變得無比艱澀與隔閡了。自外在而言，五四以來的西化怒潮，不斷開展了對西方經驗的學習，對傳統意識的批判，意興風發的營造了我們的時代感覺與世界精神，為我們的現代化打下了一定程度的基礎；它也同時疾風迅雨般衝刷著中國備受誤解的文明，削弱了我們的文化認同與歷史根源，使我們在現代化的整體架構上模糊了著力的點，漫漶了精神的面。

將近五十年前，國際聯合會教育考察團曾對我國教育作過一次深入的探訪，在報告書中，一針見血的指出：歐洲力量的來源，經常是透過古代文明的再發現與新認識而而達至；中國的教育也理當如此，才能眞實發揮它的民族性與創造性。

事實上，現代的學術研究，也紛紛肯定了相似的論點。文化人類學所剖示的，每一個文化都有它的殊異性與持續性；知識社會學所探討的，一個文化的强大背景與典範人物，常常是新一代創造者的「支援意識」的能源；而李約瑟更直截了當的說，除了科技以外，其他文化的成果是沒有普遍性的。在這裏，當我們回溯了現代中國的種種內在、外在與現實的條件之餘，中國文化風格的深透再造，中國古典知識的普遍傳承，更成了炎黃子孫無可推卸的天職了。

「中國歷代經典寶庫」青少年版的編輯印行，就是這樣一份反省與辨認的開展。

在中國傳延千古的史實裏，我們也都看到，每當一次改朝換代或重大的社會變遷之餘，都有許多沈潛會通的有心人站出來，顚沛造次，心志不移的汲汲於興滅繼絕的文化整理、傳道解惑的知識普及——孔子的彙編古籍、有敎無類，劉尙的校理衆書、編目提要，鄭玄的博古知今、遍註羣經；乃至於孔穎達的「五經正義」，朱熹的「四書集註」，王心齋的深入民衆、樂學敎育……他們或以個人的力量，或由政府的推動，分別爲中國文化做了修舊起廢、變通傳承的偉大事業。

民國以來，也有過整理國故的呼籲、讀經運動的倡行；商務印書舘更曾經編選印行了相當數量、不同種類的古書今釋語譯。遺憾的是，時代的變動太大，現實的條件也差，少數提倡者的陳義過高，拙於宣導，以及若干出版物的偏於學術界或知識份子的需要；這一切，都使得歷代經典的再生，和它的大衆化，離了題，觸了礁。

當我們著手於這項工作的時候，我們一方面感動於前人的努力，一方面也考慮了當前的需求，從過去疏漏了的若干問題開始，提出了我們這個中國古典知識大衆化的構想與做法。

我們的基本態度是：中國的古典知識，應該而且必須由全民所共享。它們不是知識份子的專利，也不是少數學人的獨寵，我們希望它能進入到大衆的生活裏去，也希望大衆都能參與到這一文化傳承的事業中來；何況，這些歷代相傳的經典，又有那麼多的平民色彩，那麼大的生活意義——說得更澈底些，這類經典，大部份還是平民大衆自身的創造與表現。大家怎麼能眼睜睜的放棄了這一古典寶藏的主權呢？

爲此，我們邀請的每一位編撰人，除了文筆的流暢生動外，同時希望他能擁有古典的與現代的知識，並且是長期居住或成長於國內的專家、學者，對當前現實有一適當的理解與同情。在這基礎上，歷代經典的重新編撰，方始具備了活潑明白、深入淺出、趣味化、生活化的蘊義。

也是爲此，我們首先爲這套書訂定了「青少年版」的名目。我們也曾考慮過一些其他的字眼，譬如「國民版」、「家庭版」等等，研擬再三，我們還是選擇了「

青少年版」。畢竟，這是一種文化紮根的事業，紮根當然是愈早愈好。在最有吸收力、閱讀力的年歲，在最能培養人生情趣和理想的時候，我們的青少年朋友就能與這些清澈的智慧、廣博的經驗爲友，接觸到千古不朽的思考和創造，而我們所謂的「中國古典知識大衆化」，才不會是一句口號。

這也意味了我們對編撰人寫作態度的懇盼，以及我們對社會羣體的邀請。但願透過這樣的方式，讓中國的知識、中國的創作，能夠回流反哺，回到每一個中國家庭裏，使每一位具有國中程度以上的中華子民，都喜愛它、閱讀它。

我們深深明白中國文化的豐美，它的包容與廣大。每一時代，每一情境，都有不同的創作與反省；它們或驚或嘆、或悲或喜，或溫柔敦厚、或鵬飛萬里，雖然形式多端、訴求有異，却絲毫無損於它們的完美與貢獻。這也就確定了我們的選書原則：盡可能的多樣化與典範化。像四庫全書對佛典道藏的排斥，像歷代經籍對戲曲小說的貶抑，甚至多數人都忽略了的中國的科技知識、經濟探討、敦煌遺墨，都是我們所不願也不宜偏漏的。

就這樣，我們在時代意義的需求、歷史價值的肯定、多樣內容的考量下，從廿五萬三千餘册的古籍舊藏裏，歸納綜合，選擇了目前呈現在諸位面前的六十五部經典。這是我們開發中國古典知識能源的第一步，希望不久的將來，我們能繼續跨出第二步、第三步……

我們所以採用「經典」二字爲這六十五部書的結集定名，一方面是——說文解字所解釋的，「經」是一種有條不紊的編織排列；廣韻所說的，「典」是一種法，一種規則。它們的交織運作，正可以系統的演繹了中國文化的風格面貌，給出我們日常行爲的規範，生活的秩序，情感的條理。另一方面——也是採用了章太炎先生的說法：它們是「當代記述較多而常要翻閱的」一些書。我們相信，中國文化的恢宏壯麗，必須在這樣的襟懷中才能有所把握。

與這個信念相表裏，我們在這六十五部經典的編印上，不作分類也不予編號。這套經典對我們是一體同尊的，改寫以後也大都同樣親切可讀，我們企冀於提供的，是一套比較完備的古典知識。無論古代中國七略四部的編目，或現代西方科技分類的正名，都易扭曲了它們的形象，阻礙了可能的欣賞，這就大大違反我們出版這套書的諦旨了。

但在另一重意義上，我們却分別爲舊典賦予了新的書名，用現代的語言烘托原書的精神，增進讀者對它的親和力；當然，這也意味了它是一種新的解釋，是我們以現代的編撰形式和生活現實來再認的古典。

也是在這種實質的，閱讀的要求下，我們不得不對原書有所去取，有所融滙與變通。譬如，原典最大的「資治通鑑」，將近三百卷的皇皇巨著，本身就是一個雄偉的書中帝國，一般大衆實難輕易的一窺堂奧。新版的「帝王的鏡子」做了提玄勾要的梳理，形式也類同袁樞「通鑑紀事本末」的體裁，把它作了故事性的改寫，雖然字數濃縮了，却在不失原典題旨的照顧下，提供了一份非專業的認知。其他的部份經典，也有類似的寫法。這方面，歐美出版界倒有不少可供我們借鑑的例子。遠的不談，就以湯恩比的「歷史研究」來說，前六册出版了未及十年，桑馬威爾就爲它作了濃縮至六分之一的大衆節本，暢銷一時，並曾獲得湯氏本人的大大讚賞。我們的作法雖不必盡同，但精神却是一致的。

再如原書最少的老子「道德經」，這部被美國學者蒲克明肯定爲未來大同世界家喻戶曉的一部書，短短五千言，我們却相對的擴充、闡釋，完成了十來萬字的「生命的大智慧」。又如「左傳」、「史記」、「戰國策」等書，原有若干重疊的記述，經過編撰人的相互研討，各有删節，避免了雷同繁複。……由於歷代經典的繽紛多彩，體裁富麗，筆路萬殊，各編撰人曾有過集體的討論，也有過個別的協調，分別作成了若干不同的體例原則，交互運用，以便充分發皇原典精神，又能照顧現實需要，爲廣大讀者打出一把把邁入經典大門的鑰匙。

無論如何，重新編寫後的這套書，畢竟仍是每一位編撰者的心血結晶，知識成果。我們明白，經典的解釋原有各種不同的學說流派，在重新編寫的過程裏，每一位編撰者的參酌採用，個人發揮我都寄寓了最高的尊重。

除了經典的編撰改寫以外，我們同時蒐集了各種有關的文物圖片千餘幀，分別編入各書。在這些「文物選粹」中，也許更容易讓我們一目了然的感知到中國：那樣樸素生動的陶的文化，剛健恢宏的銅的文化，溫潤高潔的玉的文化，細緻優美的瓷的文化；那些刻寫在竹簡、絲帛上的歷史，那些遺落在荒山、野地裏的器物；那些意隨筆動的書法，那文章，那繪畫……正如浩瀚的中國歷代經典一般，那一樣不足以驚天地而泣鬼神？那一樣不是先民們偉大想像與勤懇工作的結晶？看起來，它們是一幅幅獨立存在的作品，一件件各自完整的文物，然而它們每一樣都代表了中國，都煥發出中國文化緜延不盡的特質。它們也和這些經典的作者一樣，是彼此相屬、相生、相成的。

這套書，分別附上了原典或原典精華，不只是强調原典的不可或廢，更在於牽引有心的讀者，循序漸進，自淺而深。但願我們的青少年，在舉一反三、觸類旁通之餘，更能一層層走向原典，去作更高深的研究，締造更豐沛的成果；上下古今，縱橫萬里，為中國文化傳香火於天下。

是的，我們衷心希望，這套「中國歷代經典寶庫」青少年版的編印，將是一扇現代人開向古典的窗；是一聲歷史投給現代的呼喚；是一種關切與擁抱中國的開始；它也將是一盞盞文化的燈火，在漫漫書海中，照出一條知識的，遠航的路——

也許，若干年後，今天這套書的讀者裏，也有人走入這一偉大的文化殿堂，與先聖先賢並肩論道，弦歌不輟，永世長青的開啓著、建構著未來無數個世代的中國心靈！

歷史在期待。

（民國六十九年歲末於臺灣臺北）

附記：雖然，編輯部同仁曾盡了最大的力氣，但我們知道，這套書必然仍有不少缺點，不少無可避免的偏差或遺誤。我們十分樂意各界人士對它的批評、指正，這不僅是未來修訂時的參考，也將是我們下一步出版經典叢書的依據。

總目錄

袖珍本50開中國歷代經典寶庫59種65冊

總目錄

袖珍本50開中國歷代經典寶庫59種65冊

總目錄

袖珍本50開中國歷代經典寶庫59種65冊

【開卷】叢書古典系列
中國歷代經典寶庫 說苑（下）

編 撰 者—鍾克昌
董 事 長
發 行 人—孫思照
總 經 理—莫昭平
總 編 輯—林馨琴
出 版 者—時報文化出版企業股份有限公司
10803台北市和平西路三段240號三樓
發行專線—（02）2306-6842
讀者服務專線—0800-231-705・（02）2304-7103
讀者服務傳眞—（02）2304-6858
郵撥—19344724 時報文化出版公司
信箱—台北郵政79～99信箱
時報悅讀網—http://www.readingtimes.com.tw
電子郵件信箱—liter@readingtimes.com.tw

校 對—鍾克昌・徐志勇・張幼杰・李 昂
印 刷—偉聖印刷股份有限公司
袖珍本50開初版—一九八七年元月十五日
三版六刷— 二〇一一年 六月三十日
袖珍本59種65冊
定價新台幣單冊100元・全套6500元

⊙行政院新聞局局版北市業字第八〇號

ISBN 957-13-1481-1

國立中央圖書館出版品預行編目資料

說苑：妙語的花園 / 鍾克昌編撰. -- 二版. --
臺北市：時報文化, 1994[民83]
冊；公分. -- (開卷叢書. 古典系列)(中國歷代經典寶庫；25-26)
ISBN 957-13-1481-1(下冊：50K平裝)

1.說苑 - 通俗作品

122.4 83011333